ALL ABOUT HISTORY

萤火虫 REFLY 018

王室罗曼史

[英]乔恩·怀特 编著 钟萍 译

ROYAL WEDDINGS

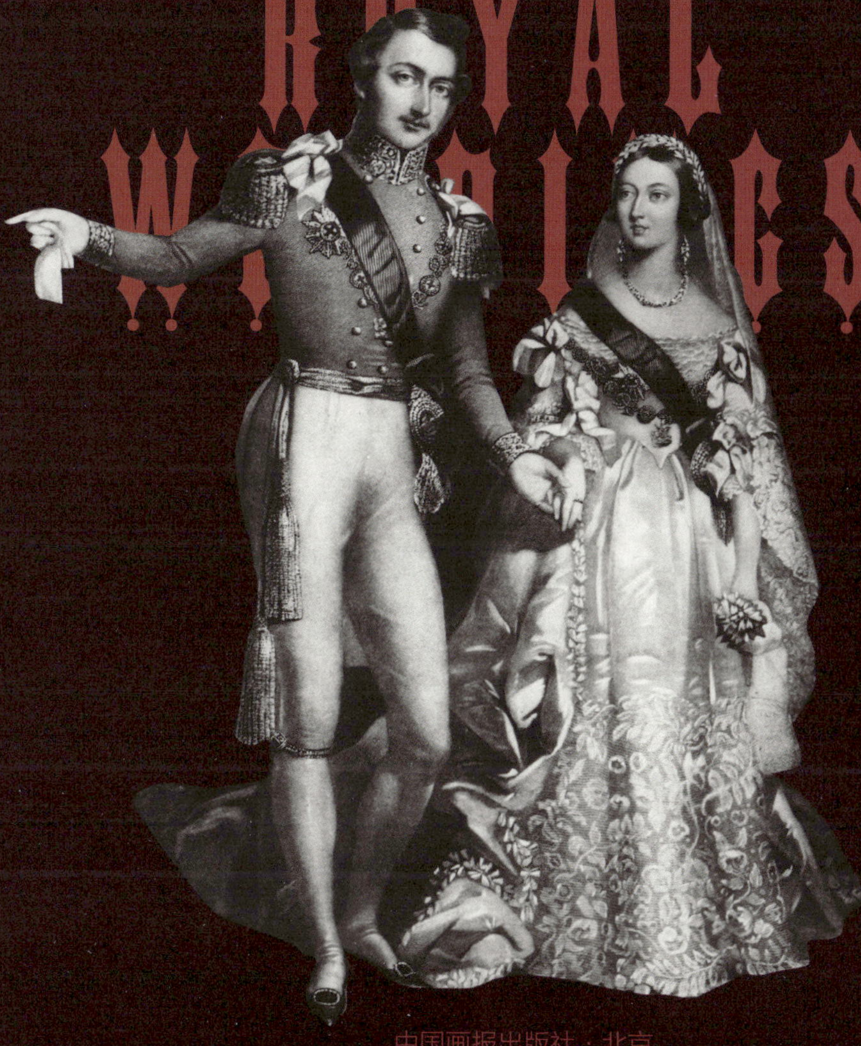

中国画报出版社·北京

图书在版编目（CIP）数据

王室罗曼史 /（英）乔恩·怀特编著；钟萍译. --
北京：中国画报出版社, 2021.4
（萤火虫书系）
书名原文: All About History: Royal Weddings Through History
ISBN 978-7-5146-1904-1

Ⅰ.①王… Ⅱ.①乔… ②钟… Ⅲ.①皇室—婚姻—
史料—世界 Ⅳ.①K106

中国版本图书馆CIP数据核字(2020)第040651号

Articles in this issue are translated or reproduced from All About History:
Royal Weddings Through History, First Edition and are the copyright of or
licensed to Future Publishing Limited, a Future plc group company, UK 2018.

北京市版权登记局著作权合同登记号：01-2020-3004

王室罗曼史

[英] 乔恩·怀特 编著　钟萍 译

出 版 人：于九涛
选题策划：赵清清
责任编辑：李　媛
责任印制：焦　洋
营销主管：穆　爽

出版发行：中国画报出版社
地　　　址：中国北京市海淀区车公庄西路33号　邮编：100048
发 行 部：010-68469781　010-68414683（传真）
总编室兼传真：010-88417359　版权部：010-88417359

开　本：16开（787mm×1092mm）
印　张：11
字　数：168千字
版　次：2021年4月第1版　2021年4月第1次印刷
印　刷：北京汇瑞嘉合文化发展有限公司
书　号：ISBN 978-7-5146-1904-1
定　价：60.00元

历史系列

王室罗曼史

1840年2月10日,维多利亚女王与萨克森-科堡-哥达王朝的阿尔伯特王子步入婚姻殿堂,两大家族欢欣鼓舞。这对夫妇不仅实现了王室的谋划,还得到了许多君主梦寐以求的东西——爱情。在那个时代,婚姻是为了结束战争和巩固联盟而精心安排的,爱情居于次要地位。

《王室罗曼史》重新定义了各国的浪漫故事,并呈现了从英格兰国王爱德华四世与伊莉莎白·伍德维尔的联盟,到西班牙卡斯蒂利亚的伊莎贝拉一世与阿拉贡王国的斐迪南二世之间的婚姻联盟。

不过,并非每一对王室夫妇都能幸福地生活在一起。在本书中,你会发现有一些人利用个人魅力争权夺利,会探知为什么查尔斯王子与戴安娜的婚礼是一个幻灭的童话,并一同经历西班牙国王在婚礼上遇刺又险死还生的场景。

目 录

159

- 06　6段现代王室爱情罗曼史
- 12　爱德华四世 &
　　伊丽莎白·伍德维尔
- 18　勇敢者查理 & 约克
　　家族的玛格丽特
- 20　伊莎贝拉 & 斐迪南
- 26　马克西米利安一世 &
　　勃艮第女大公玛丽
- 28　亨利八世 &
　　安妮·博林
- 34　英格兰女王玛丽一世 &
　　西班牙的腓力二世
- 36　苏格兰玛丽女王 &
　　法国王储弗朗索瓦
- 48　法国国王亨利四世 &
　　王后玛丽·德·美第奇
- 50　查理一世 &
　　亨丽埃塔·玛丽亚
- 56　达拉·舒科 &
　　娜迪拉·班
- 58　路易十四 &
　　玛丽亚·特蕾莎
- 68　英格兰安妮公主 &
　　奥兰治亲王威廉四世
- 70　玛丽·安托瓦内特 &
　　路易王储
- 78　玛丽·安托瓦内特 &
　　路易王储
- 80　拿破仑一世 &
　　玛丽·路易丝

88	夏洛特公主 & 比利时国王利奥波德一世
90	维多利亚女王 & 阿尔伯特亲王
98	康诺公爵亚瑟亲王 & 普鲁士的路易丝公主
100	沙皇尼古拉二世 & 阿历克斯公主
108	塞尔维亚的亚历山大一世 & 德拉加·马辛
110	西班牙国王阿方索十三世 & 维多利亚·尤金妮亚公主
118	葡萄牙国王曼努埃尔二世 & 奥古斯塔·维多利亚公主
120	路易斯·蒙巴顿 & 埃德温娜·阿什利
128	爱德华·温莎公爵 & 沃利斯·辛普森
130	伊丽莎白公主 & 菲利普亲王
142	意大利的玛丽亚·皮娅公主 & 南斯拉夫的亚历山大王子
144	雷尼尔三世 & 格蕾丝·凯莉
152	荷兰的贝娅特丽克丝女王 & 克劳斯·冯·阿姆斯伯格
154	查尔斯王子 & 戴安娜·斯宾塞
162	希腊王储帕夫洛斯 & 玛丽-尚塔尔·米勒
164	威廉王子 & 凯瑟琳·米德尔顿

6段现代王室爱情罗曼史

几个世纪以来,王室婚礼一直是王室盛典的一部分,但时代正在发生改变。

作者:梅拉妮·克莱格(Melanie Clegg)

几个世纪以来,王室婚礼一直是王室生活盛况的重要组成部分,两大统治家族经联姻结盟,签署领土条约,甚至结束战争。曾几何时,王室婚礼是国之盛事,与风花雪夜几无关联。即便如此,人们还是希望一对王室夫妇至少能成为朋友。但随着时代的变迁,如今,连王位继承人都被鼓励为了爱情而结婚,而非出于政治利益而联姻。

从某种意义上说,1981年查尔斯王子和戴安娜·斯宾塞女士的婚姻是英国王室的最后一次包办婚姻。查尔斯王子选择戴安娜,是因为她社交能力出众,而不是因为自己无可救药地爱上了她。这段婚姻关系的不幸终结,大大放宽了对"合适"的王室伴侣的要求。总的来说,王室正变得越来越有趣味儿,越来越与时俱进,更让人喜闻乐见。

100多年前,曾有一位英国王子迎娶离异的美国女演员,一位挪威王储迎娶曾当过服务员的单身母亲,一位瑞典女王储最终和她的私人教练在一起,这些在当时都是令人不可思议之事。如今,王室的配偶与王室成员结合之前都过着完整、独立的生活。他们更加自信,不太愿意尽职尽责地留在幕后。今天,王室婚礼依然是一场国之盛事,但比以往任何时候都更引人注目,更受民众欢迎。

1. 挪威哈康王储 & 梅特-玛丽特王储妃

新娘人选或许让人惊讶,但他们的婚姻最终证明是一段完美的王室罗曼史。

挪威王位继承人哈康王储(Prince Haakon)与梅特-玛丽特·特赛姆(Mette-Marit Tjessem)在交往一年多后宣布订婚消息,不料遭到了挪威王室的激烈反对。这是因为准新娘是一位单身母亲,曾经当过服务员,据称还吸过毒。这对夫妇在订婚后同居8个月,也遭到了一些人的反对。一些媒体声称,这段有争议的关系影响了挪威王室的声望。因此,梅特-玛丽特决定在婚礼前几天举行一场新闻发布会,回答有关她过去的问题。归根结底,唯一真正重要的意见来自哈康的父亲哈拉尔五世国王(Harald V),他诚心认可并支持这对夫妇。

2001年8月25日,婚礼于奥斯陆大教堂举行。这场婚礼非常令人感动。主持婚礼的奥斯陆主教说,这对夫妇"没有选择一条最容易的道路,但爱情最终战胜了一切",新娘喜极而泣。为了表示对新娘的全力支持,哈康王储在教堂门口耐心等着她,代替新娘的父亲,陪伴她走过红地毯,而新娘的4岁爱子马修斯作为花童紧随他们身后。梅特-玛丽特身穿挪威设计师奥维·哈德·芬赛斯(Ove Harder Finseth)设计的经典简单白色长袖婚纱,长达6米的丝绸薄头纱由爱德华七世时期的戴茜·班杜(Daisy Bandeau)钻石王冠固定在合适位置。钻石王冠是她的公公哈拉尔国王与婆婆索尼娅王后(Sonja)赠与新娘的结婚礼物。

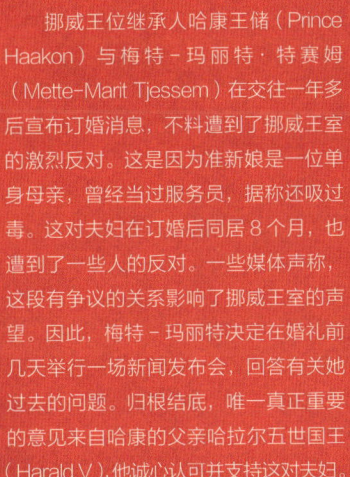

2. 瑞典王储维多利亚公主 & 丹尼尔亲王

尽管多年来不时有传闻,但瑞典王储维多利亚公主与她私人教练的订婚还是让所有人措手不及。

维多利亚公主是瑞典王位的法定继承人。多年来,外界一直在猜测她的私生活,偶尔有传言称她即将订婚。2002年,媒体曝光了她正在与私人教练丹尼尔·韦斯特林(Daniel Westling)交往,民众对此惊诧万分。

订婚消息于2009年2月公布。2010年6月19日,婚礼于斯德哥尔摩大教堂举行,这是自威尔士王子与戴安娜王妃的婚礼以来最重要的一场王室婚礼。结婚当日,也是她的父亲瑞典国王卡尔十六世古斯塔夫(King Carl XVI Gustaf)与西尔维娅王后(Silvia)结婚34周年的纪念日。维多利亚身着一袭优雅的白色公爵夫人缎婚纱,搭配母亲的蕾丝头纱与著名的贝雕王冠。贝雕王冠最初是为约瑟芬王后制作的,是瑞典王室新娘的传统佩戴饰品。

婚礼结束后,这对新人乘坐马车,穿过斯德哥尔摩街道。街上簇拥着50万名祝福群众。接着,他们返回王宫,举行了婚礼宴会。为了承认新郎和王位继承人之间的婚姻,新郎被授予丹尼尔亲王和西约特兰公爵(Duke of Västergötland)的称号。

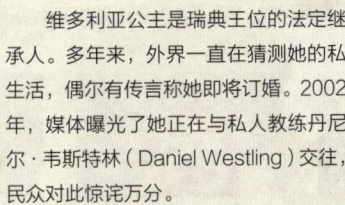

3 丹麦王储弗雷德里克 & 玛丽王妃

当塔罗师预测玛丽会移居国外时,她从未想过有一天会成为王妃。

2000年悉尼夏季奥运会期间,澳大利亚的广告业高管玛丽·唐纳森(Mary Donaldson)邂逅了一位英俊的丹麦男子。当时,她完全不知道和她调情的是丹麦王位的法定继承人——丹麦王储弗雷德里克(Frederik)。后来,有人向玛丽透露了王储的真实身份。玛丽并未因这则惊人的消息而畏缩不前,她和王储交换了联系方式。

随着异地恋情的升温,玛丽最终决定搬到哥本哈根,和她的王子住得更近一些。这与一位塔罗师几年前的预测不谋而合。塔罗师曾告诉她,她有一天会嫁到海外,一举成名。2003年秋天,这对恋人在罗马订婚,弗雷德里克赠与玛丽一枚祖母绿订婚戒指。6个月后,他们于2004年5月14日在哥本哈根大教堂结婚。此时,玛丽已成为一名丹麦公民,皈依了丹麦的国教路德教。弗雷德里克王储身着军装,而新娘身穿丹麦设计师乌弗·弗兰克(Uffe Frank)设计的象牙色公爵夫人缎婚纱,搭配一条古老的爱尔兰蕾丝头纱。自1905年以来,每位丹麦王室新娘都佩戴这种头纱。她还佩戴了一顶漂亮的钻石王冠,这是她的公公亨里克亲王(Prince Henrik)与婆婆丹麦女王玛格丽特二世(Queen Margrethe II)赠与她的结婚礼物。

显然,弗雷德里克王储痴迷于他的新娘。他在婚礼上数次哽咽,发誓"从今天起,玛丽是我的,我是她的。我爱她,我会用我所有的爱来保护她"。婚礼结束后,这对新婚夫妇乘坐一辆敞篷马车前往阿美琳堡宫,马车在几十万人的簇拥下缓缓驶过街道。哥本哈根的大街小巷都挤满了人。他们还举办了一场奢华婚宴,90千克重的巨型蛋糕上装饰着这对王储夫妇的卡通人物形象。最终,两人以传统华尔兹结束了婚礼之夜。

职场配偶

在坠入情网前,就已踏上职场的王室新娘们。

亚辛·拉尼娅
(Rania Al-Yassin)

拉尼娅出生于科威特,父母是巴勒斯坦人。她从国际学校毕业后,便进入美利坚大学的开罗分校,获得商业管理学位。随后,在花旗银行和苹果公司从事营销工作。1993年她嫁给了当时的约旦王子阿卜杜拉。

西尔维娅·索梅尔拉特
(Silvia Sommerlath)

西尔维娅出生于德国,幼年就搬到了巴西。大学毕业时精通五门语言。1972年,在慕尼黑夏季奥运会上工作时,邂逅了她未来的丈夫——瑞典王储卡尔·古斯塔夫(Carl Gustaf)。

夏琳·维斯托克
(Charlene Wittstock)

2000年,夏琳在一场游泳比赛中结识了摩纳哥的阿尔伯特王子(Prince Albert)。她当时是南非的一名职业游泳运动员。她在南非本国赢得了不少奖杯,还曾代表南非参加过两届英联邦运动会和一届奥运会。

索菲亚·赫尔奎斯特
(Sofia Hellqvist)

索菲亚现在是瑞典王妃。她最初闯入了艳模行业,自己挣钱完成了纽约和斯德哥尔摩大学的会计、商业发展以及瑜伽课程。2005年,她的职业生涯以电视真人秀节目《天堂酒店》(*Paradise Hotel*)告终。

小和田雅子
(Masako Owada)

雅子曾就读于哈佛大学、东京大学和牛津大学。她一开始拒绝了日本皇太子德仁的求婚。后来,德仁称她以皇太子妃的身份可以为日本外交做出更有价值的贡献,二人结婚。

4 西班牙国王菲利浦六世 & 王后莱蒂齐亚

菲利浦的私生活暴露在狗仔队的镜头下,但他还是设法将与莱蒂齐亚之间的恋爱关系保密。

菲利浦王储(Crown Prince Felipe)是西班牙国王胡安·卡洛斯(King Juan Carlos)的法定继承人。2003年11月,菲利浦在一次新闻发布会上宣布,他与西班牙新闻主播莱蒂齐亚·奥尔蒂斯(Letizia Ortiz)订婚。订婚消息相当令人震惊,因为这对恋人将长达一年的恋爱关系完全保密了。菲利浦在双方共同朋友举办的一场晚宴上邂逅了莱蒂齐亚。二人一见倾心,很快就决定步入婚姻殿堂。菲利浦送给未婚妻一枚漂亮的16克拉方形切割钻戒。

订婚消息公布后,莱蒂齐亚一直住在马德里扎祖勒皇宫的一套公寓里。2004年5月22日,婚礼于马德里的阿尔穆德纳大教堂举行。1000多名宾客参加了这场婚礼,约2500万人通过电视观看了婚礼全程。

象牙色的新娘婚纱由西班牙设计师曼纽尔·佩特加斯(Manuel Pertegaz)设计。蕾丝头纱是菲利普赠与她的结婚礼物,头纱用壮观的普鲁士钻石王冠固定住。1962年,索菲亚王后就曾在婚礼上佩戴过这顶王冠。

婚礼结束后,这对新婚夫妇坐到一辆劳斯莱斯汽车的后座上,穿过多雨的马德里街道,返回皇宫。太阳从云层后露出来,照耀大地,新婚夫妇出现在王宫阳台上。菲利浦在婚礼宴会上还发表了一场感人肺腑的演说,许多人都为此潸然落泪。他自称是"一个幸福的人,因为我实现了最珍贵的梦想。我娶了我爱的女人"。

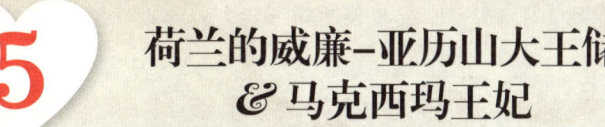

5 荷兰的威廉-亚历山大王储 & 马克西玛王妃

反对的声音可能让他们的结婚计划略有遗憾,但他们在婚礼当天看起来是那么幸福,那么相爱。

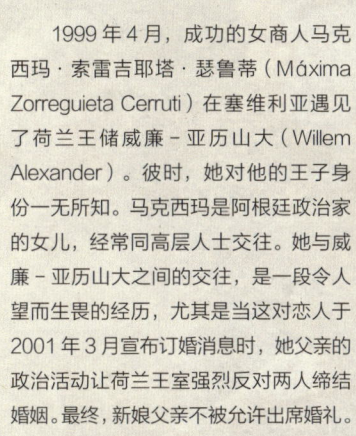

1999年4月,成功的女商人马克西玛·索雷吉耶塔·瑟鲁蒂(Máxima Zorreguieta Cerruti)在塞维利亚遇见了荷兰王储威廉-亚历山大(Willem Alexander)。彼时,她对他的王子身份一无所知。马克西玛是阿根廷政治家的女儿,经常同高层人士交往。她与威廉-亚历山大之间的交往,是一段令人望而生畏的经历,尤其是当这对恋人于2001年3月宣布订婚消息时,她父亲的政治活动让荷兰王室强烈反对两人缔结婚姻。最终,新娘父亲不被允许出席婚礼。2002年2月2日,这对新人于阿姆斯特丹举行了一场民事婚礼仪式。当日,两人在阿姆斯特丹新教堂完成了一场宗教仪式。马克西玛被授予了阿根廷和荷兰的双重国籍。

马克西玛的长袖象牙色丝质婚纱由意大利华伦天奴(Valentino)设计,搭配了蕾丝头纱和荷兰王室收藏的美丽钻石王冠。婚礼结束后,这对夫妇乘坐华丽的金色马车回到王宫,然后出现在王宫阳台上。他们在阳台上几次亲吻对方,聚集在下面观礼的人群非常开心。显然,他们很高兴看到两人终于结婚了。

6 萨塞克斯公爵哈里王子 & 公爵夫人梅根王妃

英俊王子和美国女演员的旋风罗曼史，似乎是一部轰动一时的小说。

2016年7月，美国女演员梅根·马克尔（Meghan Markle）和哈里王子（Prince Harry）相亲结识。几乎可以肯定的是，梅根当时并不知道自己即将遇到一生挚爱，也不知道他们次年便会订婚。表面上来看，一位迷人的女演员和一位英俊王子之间的浪漫故事就像是一部小说或好莱坞电影里的桥段。两人交往的传闻开始浮出水面时，几乎无人想到这段恋情会最终敲响婚礼的钟声。

梅根是混血儿，离过婚，与父亲等几位家庭成员关系疏远，梅根的父亲也没有出席婚礼。这些事实引发了诸多争议，而争议似乎是现代王室婚礼的常态。但这对恋人并未因此而失去幸福。2018年5月19日，当他们的婚礼开始时，所有人都衷心祝福这对夫妇。

婚礼在温莎城堡的圣乔治礼拜堂（St George's Chapel）举行。共有600名宾客参加婚礼，其中包括几位名人以及王室的重要成员。与此同时，1800万名英国人和2900万名美国人在家观看了婚礼直播。梅根被誉为美国第一位"国民公主"。她身穿一袭令人惊艳的白色丝质婚纱，该婚纱由法国纪梵希时装公司的艺术总监克莱尔·维特·凯勒（Clare Waight Keller）设计。她佩戴的长达4.8米长的蕾丝头纱，其制作时间比礼服还长。钻石头饰是玛丽王后1932年的古董收藏。

婚礼结束后，这对夫妇出现在阳光下。他们停在礼拜堂的台阶上，亲吻对方，然后登上一辆敞篷马车，绕着温莎城堡巡游。之后，二人回到城堡，参加由女王主持的婚宴，知名音乐人埃尔顿·约翰（Elton John）也在那里招待宾客。新郎的父亲查尔斯王子在弗拉格莫尔庄园还举办了一场规模较小的晚宴，只有亲密的家人和朋友参加。按照王室惯例，女王在婚礼当天早上将苏塞克斯公爵的头衔授予孙子哈里王子，婚后的梅根成为苏塞克斯公爵夫人。

所有人都衷心祝福这对夫妇。

王室婚礼规则手册

每个家族都有自己的特点，但也许没有一个家族比英国王室更有特色。
多年来，英国王室已经制定了好几条规则。

1. 手捧花一定要有桃金娘花枝

据说，桃金娘是象征着爱情和婚姻的鲜花。几百年来，它一直是婚礼手捧花的传统选择。1840年2月，维多利亚女王嫁给阿尔伯特亲王时，她的花束中就插有一些桃金娘花枝。后来，她在奥斯本宫种下了一棵桃金娘树。自那以后，奥斯本宫就会从桃金娘树上剪下一枝桃金娘，插入每一位英国王室新娘的手捧花中。

2. 永远不要在女王面前穿坡跟鞋

尽管不是每个人都喜欢穿坡跟鞋，但女王似乎对坡跟鞋有着特别强烈的"仇恨"，她禁止王室女性成员在她面前穿坡跟鞋。目前，人们尚不清楚为何女王如此厌恶坡跟鞋。但对于那位特别喜欢坡跟鞋的剑桥公爵夫人来说，这一条规则尤其是个坏消息。

3. 只有新娘和已婚女性才能佩戴王冠头饰

任何人都可以佩戴王冠，但根据王室礼仪，只有新娘和已婚女性才能在正式场合佩戴王冠，比如说参加国宴和舞会。但对梅根来说幸运的是，女王拥有世界上最多、最奢华的王冠收藏，显然，女王也很乐意把自己的宝贝借给家人。

4. 禁止先于女王进食

根据王室礼仪，在女王拿起刀叉之前就开始用餐是非常无礼的行为。不幸的是，如果有人进食缓慢的话，一旦女王吃完饭并将餐具放在盘子里，这顿饭就标志着结束。女王陛下会把食物放在盘子里，直到她认为其他人都用餐结束。

5. 王室伴娘（几乎总是）不得超过18岁

自从维多利亚女王在12名伴娘的陪伴下走过婚礼红地毯后，王室新娘的身边就出现了几位伴娘的身影。维多利亚的伴娘都是十几岁的年轻女性，但王室伴娘的平均年龄在此之后有所下降。人们认为，现代王室新娘有一群热闹的孩子陪伴是一种传统。

6. 只有女王才能训斥她的柯基犬

众所周知，苏塞克斯公爵夫人是一位爱狗人士。她很可能已经和女王的柯基犬交上了朋友。但除了女王本人，任何人都绝对不能训斥这些柯基犬。王室柯基犬看起来很可爱，但管家就曾经被柯基犬绊倒，差点儿摔晕过去，即便如此，他也不敢有丝毫怨气。

7. 禁止公开谈论政治观点

王室成员可以在选举和公投中投票。但为了尽量保持中立，他们会故意弃权，这一点很重要。对于像自称女权主义者的梅根·马克尔这种直言不讳的现代年轻女性来说，她可能会有点难以适应这条规则。

8. 不要购买昂贵的圣诞礼物

当你拥有数以百万的财产可供支配时，你一定会忍不住在购买礼物方面做得过火。王室成员聚集在桑德灵厄姆（Sandringham）庆祝传统的圣诞节时，不得购买奢侈礼物。为了向他们的德国传统致敬，人们会在圣诞节前夕打开礼物。礼物往往要么是实用的，要么是有趣的，但不能铺张浪费。

9. 不允许给女王供应贝类食物（或大蒜！）

贝类食物的中毒事件超过了合理比例，因此，贝类食物永远不得出现在王室菜单上。女王不能冒着突然生病的风险，也不能因此而被迫放弃自己的职责。此外，建议不要在女王的餐桌上放大蒜。她不喜欢大蒜，而且她自己的厨房也禁止出现大蒜。

10. 要向王室成员行屈膝礼

每个人都向女王行屈膝礼，以示尊重。但要遵循严格的等级制度。例如，丈夫不在场时，曾经是"平民"身份的剑桥公爵夫人以及苏塞克斯公爵夫人必须向"血统高贵的公主"行屈膝礼。但如果威廉王子和哈里王子在场，公主们则必须向他们行屈膝礼。

爱德华四世 & 伊丽莎白·伍德维尔

1464年5月1日

一场充满浪漫、神话和传说的王室婚礼。

作者：琼·伍勒顿（June Woolerton）

1464年9月，爱德华四世在雷丁修道院参加最亲密顾问的会议时，发现顾问们正在筹划一场王室婚礼。年轻的国王外表英俊，魅力超群，军事才能极为不凡，受到了国民的尊崇。国王已经达到结婚年龄了，因此，这群伟大的政治家决定挑选一位具有战略意义的欧洲公主作为他的新娘。他们正欲详细介绍婚礼计划时，爱德华只好承认他已经结婚了。

实际上，早在几个月前，约克王朝的第一任国王就在一个仅有少数人参加的秘密仪式中宣读结婚誓词了。王室议会希望他的婚姻能够巩固政治和贸易联盟，帮助国家从内战动荡中恢复过来，爱德华却秘密迎娶了一位出身较低的英格兰寡妇。雪上加霜的是，新王后的家族曾经是兰开斯特王朝的忠实拥护者，而爱德华曾助力推翻了兰开斯特王朝。

对于这段婚姻，顾问们大感震惊，失望不已。爱德华四世明明知晓这一点，却毫不在意，仍然坠入了爱河。直至今日，人们尚无法确定他是何时爱上了伊丽莎白·伍德维尔的。这段婚姻在英格兰乃至欧洲引起轩然大波。

传统观点认为，爱德华和伊丽莎白相识于一棵橡树下。这棵树位于英格兰北安普敦郡的惠特尔伯里森林，后来被称为"女王橡树"。它在格拉夫顿村附近，伊丽莎白在那儿度过了大半生。她的第一任丈夫约翰·格雷爵士（Sir

▲ 对于爱德华与伊丽莎白结婚的描绘。实际上,参加婚礼的人数不超过5人

John Grey）是兰开斯特家族的拥护者，死于1461年的第二次圣奥尔本斯战役中。他去世后，伊丽莎白又回到了格拉夫顿村。1464年初，伊丽莎白为了争夺两个儿子的财产继承权，卷入了一场地产争斗中。她意志坚定，雄心勃勃，坚信只有国王才能为她主持公道。

伊丽莎白带着她的儿子托马斯和理查德进入森林，等待在附近狩猎的爱德华。爱德华骑马路过时，她双膝跪地，请求得到国王的支持。传说，爱德华对她一见钟情，开始猛烈追求她。但在那之前，爱德华就有玩弄女人的名声，伊丽莎白拒绝了他的追求。早在1468年，欧洲就流传着这样一个故事：爱德华试图勾引伊丽莎白时，她甚至用匕首抵着自己的喉咙，告诉他宁愿死也绝不委身于他。爱德华更加下定决心要赢得她的芳心，并向她求婚了。

1464年4月30日，年仅21岁的年轻国王抵达斯通尼·斯特拉福镇。第二日天刚破晓，国王步行了5英里左右，来到了格拉夫顿村，与26岁的伊丽莎白·伍德维尔成婚。当时没有书面婚姻记录的规定，国王也无意告诉任何人他要做什么，故而缺少这对夫妇婚姻事实的官方文件。人们普遍认为，他们是在格拉夫顿村郊外的冬宫结婚的。几十年来，这座村庄一直是上流社会人士的家园。

伊丽莎白和母亲杰奎塔（Jacquetta）一起

▲ 爱德华四世和伊丽莎白王后会见威廉·卡克斯顿。这对王室夫妇是艺术赞助者。对许多人来说，他们是完美的中世纪君主

来到教堂。在场的其他人中，只有主持婚礼的牧师、两个仆人和一个"帮牧师吟唱"的男孩见证了国王与平民女子的结婚仪式。仪式刚结束，这对新人就被迅速带到一个私人房间。接下来的几天里，他们与新娘的母亲同住，一起过着私密的婚后生活，就连新娘的父亲也完全不知情。

随后，爱德华离开去英格兰北部处理政事，留下了他的秘密女王。

不过，伊丽莎白的地位非常不稳。爱德华有不守诺言的名声，而伊丽莎白又远非理想配偶的人选。人们公认她有倾国倾城之貌，一头漂亮的金发，一双炯炯有神的眼睛，但缺少其他值得称道的王后品质。有传言说，国王曾许诺和其他女人结婚，甚至曾与她们订过婚。一旦国王厌倦了这些女人，就会弃之如敝屣。登上王位三年，爱德华便以诱导人心和冷酷无情而著称。谁也无法保证他会浪子回头。

1464年夏天，国王忙于稳固新王国部分地区的局势。三年前，爱德华赢得了玫瑰战争中规模最大的战役——托顿战役的胜利，不久后，他成为英格兰新国王爱德华四世。托顿战役平息了约克家族和兰开斯特家族之间多年的流血冲突。爱德华四世出生于1442年，是约克公爵理查德之次子。他很早就学会了战争艺术，十几岁就登上王位。他非常依赖表兄华威伯爵（Earl of Warwick）的大笔财富和智慧狡诈。华威伯爵在政府及其贵族同僚中具有极高威望，被称为"国王拥立者"(Kingmaker)。但在爱德华与伊丽莎白结婚前后,曾有迹象表明,爱德华收回了华威伯爵的部分权力。

尽管在过去的20年里,国王的新岳母杰奎塔一直生活在与世隔绝的乡村,操持一大家的生计,但她属于欧洲王室的成员,曾经是英格兰最重要的女性之一。杰奎塔出生于卢森堡,她第一任丈夫是贝德福德公爵约翰(John, Duke of Bedford),即兰开斯特王朝的第一任国王亨利四世的儿子。第一任丈夫去世时,杰奎塔年仅18岁。自那以后,她开始与一个叫理查德·伍德维尔(Richard Woodville)的侍从秘密交往。没过多久,杰奎塔宣布嫁给这位被派来照顾她的侍从,这让王室大为震惊。如果说伊丽莎白需要找到克服反对这桩秘密、有争议之婚事的参考模板,那么她母亲杰奎塔就是一个完美例子。杰奎塔顶住了所有反对意见,成功保住了王室养老金,看着丈夫一步步晋升。

杰奎塔始终与王室保持联系,并与勃艮第公爵(Duke of Burgundy)等欧洲大陆强权搞好关系。爱德华将勃艮第公爵列为英格兰的潜在盟友,这一点与华威伯爵的外交计划背道而驰。1464年,华威伯爵基本上都在致力于培养与法兰西宫廷的关系,而法兰西宫廷是勃艮第公国的竞争对手。华威伯爵为爱德华挑选的新娘是法国国王路易十一世的妻妹,即萨沃伊的博纳。国王

▼19世纪,伊丽莎白和爱德华在格拉夫顿村的初次邂逅。他们是一见钟情吗?

拒绝了联姻，转而迎娶一位来自与敌对势力有关联的家庭的新娘。华威伯爵因此遭受到迎头重击。

爱德华站在议会前坦白自己已婚时，他与"国王拥立者"之间的权力格局开始发生变化。华威伯爵在贵族面前丧失了脸面，不得不向他的法国盟友们解释，这桩原本板上钉钉的联姻不作数了。年轻的国王无疑已坠入了爱河，新婚妻子也给了他一个机会，让他开始在华威伯爵和政府面前大展拳脚。

如果"国王拥立者"感到憋屈，爱德华会完美掩饰住。几个星期后，他和伊丽莎白携手走进雷丁修道院，将妻子以王后的身份介绍给宫廷。在爱德华的弟弟克拉伦斯公爵乔治（George, Duke of Clarence）的支持下，这位来自北安普敦郡的骑士女儿被所有人承认为英格兰王后。

1465年5月26日，伊丽莎白在威斯敏斯特大教堂举行了盛大的加冕典礼，她的王后地位得到巩固。她将一头金色的长发披散在背上，俨然是位不折不扣的王后。贵族们在公开场合祝贺二人。见到爱德华为了提高王后家族的地位，亲自为她的兄弟姐妹们安排高门联姻时，贵族们在私下里敢怒不敢言。伍德维尔家族不断扩大权力，

爱德华的婚姻许诺

爱德华用王后的许诺诱惑了另一位寡妇，却让他的遗孀和孩子们陷于不利地位。

1483年，爱德华意外去世，伊丽莎白发现自己陷入了国王家人的包围圈里。爱德华的弟弟格洛斯特公爵理查德（Richard, Duke of Gloucester）试图争夺她12岁儿子爱德华五世的王位。这位公爵宣布爱德华与伊丽莎白的浪漫婚姻无效，借机赶走了伊丽莎白与她的孩子们。

巴斯和威尔斯的主教理查德·斯蒂灵顿（Richard Stillington）宣誓，爱德华在遇见王后之前，已经和一位埃莉诺·塔尔博特夫人（Lady Eleanor Talbot）订婚了。如果斯蒂灵顿的指控属实，那么爱德华与伊丽莎白的婚姻将不作数，他们的孩子也属于非婚生子女。这一借口足以让格洛斯特通过一项《王室权利法案》，将已故哥哥的家人赶下台，并自立为理查三世（King Richard III）。

早在1468年，埃莉诺·塔尔博特夫人就已逝世，所以已经没有机会向这位曾经的准新娘亲自求证。和伊丽莎白一样，埃莉诺也是一位著名的美人，出身于上流社会，早年丧偶，这让她在继承部分遗产时遇到了麻烦。但她同爱德华的罗曼史如烟花一般短暂，年轻的爱德华很快就展开了另一段浪漫爱情。爱德华宣

▲ 爱德华与伊丽莎白的婚姻受到质疑时，他们的两个小儿子被关进伦敦塔，后来神秘失踪

布与伊丽莎白结婚时，埃莉诺保持缄默。

1485年，亨利·都铎（Henry Tudor）登基时，这桩所谓的婚姻已被载入史册。亨利七世下令销毁《王室权利法案》的所有副本。只有一份不知何故被保存了下来，多年后被人发现，再次提出了爱德华与伊丽莎白的婚姻问题。

▲ 图中显示了后人对爱德华加冕礼的描绘。年轻的国王抓住一切机会，把自己刻画成一位理想君主

爱德华为姻亲们选择的配偶也改变了统治阶层的结构。新的统治阶层帮他建立了自己的权力基础，削弱了政治顾问们的影响力。

无论爱德华和伊丽莎白的婚姻会带来何种政治后果，毫无疑问，这段婚姻是建立在真爱的基础上的。他们的婚姻一直笼罩在传奇之中，至今仍是一段神奇而又近乎神话般的故事，也是最浪漫的王室婚姻之一。

▼ 爱德华与伊丽莎白秘密结婚时，萨沃伊的博纳被定为未来的英格兰王后

勇敢者查理 & 约克家族的玛格丽特

1468年7月3日

这段婚姻酝酿了几年,从14世纪60年代初就开始商议。1468年7月3日,勃艮第公爵勇敢者查理与约克家族的玛格丽特在达姆举行了一场私人婚礼。婚礼于公爵管家尤斯塔斯·韦茨(Eustace Weyts)家中的一个房间里举行。之后,这对夫妇参加了圣母教堂(如图)的大弥撒。婚后,查理前往布鲁日,玛格丽特则在勃艮第公国的各个城市巡游。

伊莎贝拉 & 斐迪南

1469年10月19日

两位野心勃勃的王室成员之间的一场危险婚礼，促成了西班牙的统一局面。

作者：琼·伍勒顿

许多中世纪的王室婚姻都是建立在王室利益基础上的。王子和公主们遵从家族意志，出于政治和现实的利益而联姻。1468年10月19日，卡斯蒂利亚的伊莎贝拉一世（Isabella of Castile）与阿拉贡王国的斐迪南二世（Ferdinand of Aragon）在西班牙西北部瓦拉多利德市举行了婚礼。像当时的其他王室夫妇一样，这对夫妇心里很清楚，这门婚事有助于缔结强有力的联盟关系，对两大王室都有利。这段婚姻与众不同，是因为在那天，少年和少女站在圣坛前，不顾激烈的反对声音，自己促成了这段可能会让他们命丧黄泉的婚姻。

彼时，斐迪南年仅17岁，乔装打扮穿过危险地区，去找他的新娘。18岁的伊莎贝拉为了能和她的远房表亲结婚，公然违抗国王的命令，撕毁了一项和平条约。他们对各自之前的婚约均不情愿。二人在婚礼的前几天见面时，敲定了政治合作条款之后，却发现双方均已坠入了爱河。他们在夜幕的掩护下结婚，激情进一步巩固了双方联盟。二人下定决心要实现联合目标，同时也促使了他们成为同时代人中最著名的君主。

推动这段王室罗曼史的正是伊莎贝拉本人。她是卡斯蒂利亚国王胡安二世和第二任妻子葡萄牙公主伊莎贝拉唯一在世的女儿。1451年4月

▲ 伊莎贝拉和斐迪南在统治期间被授予"天主教君主"的称号

22日，伊莎贝拉出生于阿维拉（Ávila）的马德里加尔·德·拉斯·阿尔塔斯·托雷斯（Madrigal de las Altas Torres）。自出生那一刻起，伊莎贝拉就始终徘徊于王座附近。1454年，父亲去世，同父异母的哥哥成为国王亨利四世，她的同胞弟弟阿方索（Alfonso）是王位第一继承人。伊莎贝拉年仅3岁，对卡斯蒂利亚王朝来说就已经是绝佳的联姻棋子了。为免后顾之忧，亨利四世将伊莎贝拉送到阿雷瓦洛，同她母亲和弟弟一起生活。但亨利四世的个人生活和国王生涯很快就支离破碎，卡斯蒂利亚的统治局势动荡不安。

与此同时，斐迪南是在一个面积较小但局势更稳定的邻国阿拉贡长大的。1452年3月10日，斐迪南出生于萨达宫。他父亲是阿拉贡国王约翰二世，年轻时曾与伊莎贝拉的父亲结仇。约翰二世和他的第二任妻子乔安娜把斐迪南培养成一位典型的中世纪王子，使得他具备强大的军事实力。1461年，约翰二世与第一任妻子的儿子查尔斯离世，斐迪南成为王位继承人。两大家族曾多次商议伊莎贝拉与斐迪南的婚约，但都无果而终。

实际上，斐迪南只是亨利四世为异母妹妹考虑的几个丈夫人选之一，而亨利四世以优柔寡断的名声著称。他更看好的候选人是葡萄牙国王阿方索五世（Alfonso V）。因为这位葡萄牙国王是一位得力盟友，也是他第二任妻子乔安娜的哥哥。1462年，卡斯蒂利亚女王控制了伊莎贝拉，当时，伊莎贝拉和她弟弟阿方索奉命返回宫廷。乔安娜生下女儿胡安娜，胡安娜成为新的王位继承人。但很多贵族都在质疑胡安娜公主的真实血统，之后爆发了一场大规模叛乱，亨利四世的统治开始遭到进一步瓦解。

1465年，一群贵族反抗亨利四世，向年轻的阿方索宣誓效忠。对那些想要通过王室婚姻来提升地位的人而言，伊莎贝拉这枚政治筹码就更有吸引力了。贵族胡安·帕切科（Juan Pacheco）手中握有无上权力，他甚至试图为伊莎贝拉和他弟弟安排一场婚礼。那位准新郎在去认领新娘的路上不幸暴毙身亡，伊莎贝拉差点儿就抑制不住自己的欢喜欣慰之情。

另一起死亡事件也给了伊莎贝拉沉重一击。1467年，伊莎贝拉惊闻深爱的弟弟去世。她深感悲痛，但很快意识到自己的立场非常重要，地位也因此更岌岌可危。卡斯蒂利亚王国的一部分人想让她成为女王，但伊莎贝拉与亨利四世达成了休战协议，指定她为亨利四世的继承人。1467年9月，她在吉桑多托罗斯与亨利四世达成另一项协议，亨利四世同意伊莎贝拉有权拒绝他挑选的丈夫人选。在那个公主婚姻由男性亲属决定的时代，该协议是一种史无前例的反抗王室行为。

伊莎贝拉扮演了一位守本分的妹妹。她和亨利四世同住王宫，并以继承人的身份公开支持亨利。她身边全是间谍和可疑的贵族，尽管如此，她成功地和阿拉贡的斐迪南秘密启动了联姻谈判。在那个时代，妻子要绝对服从丈夫。伊莎贝拉清楚，王位若真的落到她手里，无论她嫁给谁，谁都有权统治卡斯蒂利亚王国。于是，她决心嫁给一位能让她自由行使权力的人，热情洋溢而又雄心勃勃的阿拉贡继承人似乎完全符合她的要求。二人置生命危险于不顾，时常偷偷摸摸地见面。后来有描述称，一位特使正摸黑涉过一条湍急河流时，

她被迷得神魂颠倒，激动得手舞足蹈。

她趁此机会与斐迪南交谈。阿拉贡的约翰二世热切希望伊莎贝拉成为他的儿媳妇,甚至在空白票据上签名,命令使臣随身携带,许可使臣送出足以促成这桩婚姻的聘礼。伊莎贝拉在说过"我愿意"后,更关注的其实是权力自由。

最终的条约规定,斐迪南做任何事情都需要经过伊莎贝拉的许可;未经同意,斐迪南甚至不得离开卡斯蒂利亚王国。伊莎贝拉还从公公约翰二世那里提取了10万弗罗林,得到一条红宝石项链以及一名忠实的军事随从,作为聘礼。这桩婚姻将使斐迪南顺理成章地统治伊比利亚半岛大部分地区,但他父亲约翰二世丝毫不以为意。斐迪南虽然会受限于条条框框,但也看到了联姻的实际好处。他骑着马,亲自将红宝石项链带给伊莎贝拉的特使。

与此同时,亨利四世继续为他的异母妹妹安排婚约。除了向葡萄牙国王献殷勤,他还考虑让伊莎贝拉嫁给法国国王路易十一世的弟弟贝里公爵(Berry)。亨利安排的下一位候选人是英格兰国王爱德华四世的弟弟理格洛斯特公爵查德。亨利四世及其顾问们仍然坚信,伊莎贝拉会听从婚约安排,却不知道公主已经冒着生命危险,自行决定了婚事。

伊莎贝拉意识到了自己的危险处境。她虽深陷间谍圈,却依然冒着生命危险,秘密前往瓦拉多利德市,同时又平心静气地致信异母哥哥,告知自己的结婚计划。她在后来的信件中写道,斐迪南是她的理想伴侣。这对恋人清楚,敌人决不会同意二人顺利结婚,故确切的结婚计划是不外泄之密。时值10月初,伊莎贝拉的特使们骑着马,在漆黑的夜色之下赶往萨拉戈萨市(Zaragoza),在一间僧室里会见斐迪南,并向他告知伊莎贝拉的落脚之处。斐迪南继而伪装成仆人,乔装好去找他的准新娘。

▲ 伊莎贝拉与斐迪南的7个子女,其中有5个活至成年

斐迪南到达了瓦拉多利德市,无须再东躲西藏了,因为伊莎贝拉已经宣称斐迪南是她的未来丈夫。不久,这对恋人就见面了。相传,新郎骑马来到了会面地点,走进房间时,新娘被迷得神魂颠倒,激动得手舞足蹈。据说,若不是托莱多大主教在场主持会面,他们就要拥抱起来了。他们必须在举行仪式之前,敲定婚姻条约的细则。

1469年10月19日,卡斯蒂利亚的伊莎贝拉一世与阿拉贡王国的斐迪南二世,在位于瓦拉多利德市的比维罗府(Palacio de los Vivero)举办了婚礼,这对年轻夫妇婚后也居住在这里。婚礼于下午较晚的时间举行。很快,这对新婚夫妇就回到了住所。伊莎贝拉的异母哥哥不断嘲笑

新娘的贞洁。在为期 7 天的婚礼庆典席卷整个瓦拉多利德市之前,伊莎贝拉和新婚丈夫自豪地用沾有血迹的床单,来证实他们的纯洁婚姻。亨利和他的王廷被堵得哑口无言。

婚后,伊莎贝拉与斐迪南彼此忠诚,成为中世纪欧洲最有权势的一对夫妇。他们的统治促成了西班牙的统一。他们始终忠实于婚姻约定,伊莎贝拉同丈夫一样拥有权力。年轻夫妇反抗了王室规则,由一场雄心勃勃、险象丛生的王室婚礼,走上了一条通往无限权力及成功之路。

Tanto monta, monta tanto

在伊莎贝拉与斐迪南结婚之际,二人就以平等为共同执政的准则。

在伊莎贝拉和斐迪南称之为家的宫殿里,一座复杂石雕上刻有伊莎贝拉一世和斐迪南二世的共同座右铭。格拉纳达阿尔罕布拉宫的墙壁上也刻有"Tato mota",以向世人提醒这对王室夫妇共同执政。

座右铭的完整内容是"tanto monta, monta tanto",意为"二者相同,相当"。后世版本将其增补为"伊莎贝尔等同于斐迪南",或"伊莎贝尔即为斐迪南"。他们从一开始就确定以共同权力和权威执政行事,不得凌驾于对方之上。这种表述与亚历山大大帝(Alexander the Great)和戈尔迪之结(Gordian Knot)关联。相传在古希腊时期,小亚细亚国王戈尔迪打了一个非常复杂的绳结,谁能解开此即是小亚细亚之主,亚历山大大帝问询后便说"Tanto monta cortar como desatar"(亚历山大认为用剑砍断和用手解开是一样的)。所以"tanto monta, monta tanto"意指伊莎贝拉一世和斐迪南二世的地位是相同的。

斐迪南和伊莎贝拉以这句话为座右铭。它被刻在 15 世纪 90 年代授予克里斯托弗·哥伦布(Christopher Columbus)骑士爵位的长剑上,并出现在王室纹章上。至今,西班牙建筑物上仍然可以看到这句话。

▲ 伊莎贝拉与斐迪南的座右铭,刻在阿尔罕布拉宫的一块古老石雕上

马克西米利安一世 & 勃艮第女大公玛丽

1477年8月中旬

在中世纪,马克西米利安一世和勃艮第女大公玛丽的婚姻非常罕见——这是一桩王朝式婚姻,但两人爱上了彼此。这对恋人依靠翻译者开始通信。婚约达成后,马克西米利安成了时尚潮流的引领者,他将一枚钻戒戴在未婚妻手上,而这颗钻戒是历史上第一枚订婚钻戒。在根特举行的婚礼上,他们乘坐一辆婚礼马车,马车由象征胜利的人物驾驶。

亨利八世 & 安妮·博林

1533年1月25日

这桩有争议的王室婚姻彻底改变了英格兰的未来。

作者：琼·伍勒顿

亨利八世为与安妮·博林结婚，引发了一场宗教革命，但两人最终秘密结婚。1533年1月25日，这对新人在怀特豪尔宫霍尔拜因门的一个房间里举行了婚礼。仅有少数人目睹了这场婚礼，之后也没有举行任何庆祝活动。这可能是亨利与安妮的第二次秘密婚礼，因为第一场秘密婚礼不够名正言顺。此外，亨利此时尚未与第一任妻子阿拉贡的凯瑟琳正式离婚，就宣誓同安妮结婚了。

亨利八世与安妮早在5年前就已决定结婚，可他的第一任王后始终是一块麻烦的绊脚石。凯瑟琳拒绝承认婚姻无效，亨利大为恼火，彻底被激怒了，因为他已经习惯了为所欲为。安妮的个性，就和亨利八世一样强硬。他们一见钟情之际，谁也没有料到会面临一场婚姻之战。

亨利与安妮都善于保守秘密，两人相爱的确切时间很难确定。根据现存于世的国王情书，早在1526年，国王就开始认真对待这段炽热感情了。彼时，她是王宫里一颗冉冉升起的新星，在欧洲大陆接受了各种文化艺术熏陶后返回英格兰。

安妮早年在欧洲当过几位王室女性的侍从女官，受到法国上流社会的熏陶，穿着打扮也很时髦。返回英格兰后，她成为宫廷社交圈内公认的风云人物。安妮有一头乌黑的长发，那双黑色的眸子非常动人，既优雅智慧又不乏风情，个性十足，收获了一大批男性仰慕者。

▲ 维多利亚时代的想象图。大约1526年，亨利八世和安妮·博林初次见面

安妮机智活泼，不卑不亢，亨利八世对其一见倾心。在迷恋上她时，亨利八世已经30多岁了，在位至少15年。他以治国有方和文韬武略著称，可也是一枚情种。第一段婚姻虽是政治联姻，但一开始，亨利八世与凯瑟琳也是新婚宴尔，如胶似漆。他还有一串情妇，其中就有安妮的姐姐玛丽。新鲜感一过，玛丽惨遭抛弃。亨利把目光投向了安妮，她不愿步姐姐的后尘，断然拒绝做国王的情妇。

安妮的拒绝激起了亨利的征服欲望，他写了一封又一封的炽热情书送给安妮。最早写于1527年5月的一封情书中，亨利八世写道："爱神之箭射中了我，伤口已一年有余。"在后来的一封情书里，他倾诉"我的爱和我已降服在你手中"，签名为"你忠实的仆人，H.R."。他告诉安妮："无论我在何处，我都是你的。"他在另一张纸条上装饰心形图案，上面写着爱人名字的首字母"AB"，中间点缀着他自己的名字。

安妮仍然拒绝做他的情妇，但不久之后，两人就协议结婚。虽然这对恋人的关系充满激情，但也牵涉到政治因素。亨利终于赢得了安妮的芳心，开始认真考虑与凯瑟琳结束婚姻。亨利和凯瑟琳的孩子只有玛丽公主幸存下来，其他孩子全部夭折。此时，凯瑟琳王后已年近40，不太可

▲《舞会画》（The Dancing Picture）。据悉，这幅创作于1530年左右的画作描绘的是正处于热恋时期的安妮和亨利

能再有孩子了。亨利开始问询第一段婚姻是否真实有效，因为两人原本是叔嫂关系，凯瑟琳曾是亨利八世的哥哥亚瑟之妻。王后坚称第一段关系从未圆满过，但亨利凭借对《圣经》的熟知，开始翻阅《旧约·利未记》，书中说"人若娶弟兄之妻，这本是污秽之事，羞辱了他的弟兄，二人必无子女"。

1527年，亨利八世请求教皇宣布他与凯瑟琳的婚姻无效。不久之后，教皇克莱门特七世（Clement VII）成为神圣罗马帝国皇帝查理五世（Charles V）的囚犯，而查理五世恰好是凯瑟琳的侄子。亨利八世的首席部长兼红衣主教托

这对恋人无法永远保守秘密——安妮怀孕了。

马斯·沃尔西（Thomas Wolsey）开始寻找其他解决办法，并成立了特别法庭，审查亨利与凯瑟琳婚姻的合法性，传讯国王和王后出庭受审。凯瑟琳声情并茂地恳求丈夫不要结束婚姻，赢得了诸多同情。对亨利来说不幸的是，一位专门为听证会而被从罗马派来的教皇使节推迟了诉讼程序，宣告婚姻无效的目的也未能实现。

众所周知，亨利八世企图将第一桩婚姻从历史上抹去。"国王大事"继续缓慢进行着，而安妮在他的生活中越来越重要。1531年，亨利与凯瑟琳断绝了联系，凯瑟琳缺席了那年的圣诞节庆祝活动。很快，查尔斯五世驻英格兰大使尤斯塔斯·查皮斯（Eustace Chapuys）发现，安妮正住在王后曾用过的房间里。1532年9月1日，亨利封安妮为彭布鲁克伯爵夫人，她是史上第一位凭借自己的权利被提升为贵族的女性。同年10月，她陪同亨利去了法国的加来，法国国王弗朗索瓦一世与她交谈跳舞。这是首次公开承认她是亨利的伴侣，彼时，这对夫妇正把结婚作为头等要事。

编年史家爱德华·霍尔（Edward Hall）相信，亨利和安妮于1532年11月从加来返英时，很可能已经结婚或做出了某种承诺。这对恋人大约从那时开始同居。亨利决心要有男性继承人，而一旦安妮怀孕，孩子必须有合法的身份。亨利和安妮于1533年1月25日秘密结婚的目的也就昭然若揭了。

结婚仪式非常简单。两人都承诺"从今往后，我们相互拥有，相互支持，无论日子是好是坏，

"无论生活是贫是富,无论生病或者健康,我们都会相亲相爱,至死不渝",都铎王朝的新娘也立下传统誓言:"无论白天还是晚上,都谦恭顺从。"结婚仪式的实际细节流传下来的很少,证婚人也寥寥无几,但我们清楚,婚礼主婚人最有可能是英格兰王室牧师罗兰·李(Rowland Lee)。当时尚无登记结婚的法律规定,所以亨利和安妮可以一边掩盖着行踪,一边想尽办法对付凯瑟琳。

结婚的传闻很快传开了。国王和新娘闭口不言,可他们的种种行为暴露了真相。安妮在为外国大使举行的王室宴会上,坐在王后的座位上。此外,她在复活节身穿金制衣服参加弥撒,而亨利七世曾对此制定过相关法律,规定只有王室成员才能穿金制衣服。这对恋人无法永远保守秘密——安妮怀孕了。

自那以后,对结束与凯瑟琳的婚姻一事,亨利不再抱希望于教皇。有些人认为安妮在其中起了重要作用。安妮对席卷欧洲的宗教改革表现出浓厚兴趣,亨利因对宣布婚姻无效一事感到了绝望,也开始研究宗教改革。后来有人说,安妮赠予丈夫一本威廉·廷代尔(William Tyndale)的《基督徒的顺服》(*The Obedience of a Christian Man*),这本书暗示国王才是国家教会的领袖。无论传言是否为真,到1533年,亨利确信他不需要依赖教皇权威来解决婚姻问题。

新任坎特伯雷大主教托马斯·克兰默(Thomas Cranmer)支持亨利。1533年5月10日,

▲ 这幅画作由卡尔·西奥多·冯·皮蒂(Karl Theodor von Piloty)创作,突显了红衣主教沃尔西越来越质疑让他下台的爱情故事

大主教设立了新法庭,不到两周就裁定亨利与凯瑟琳的婚姻无效。此举意味着,国王与安妮的婚姻是他唯一合法的婚姻。5月底,亨利最终亲自证实,他写信给伦敦市长斯蒂芬·皮科克爵士(Sir Stephen Peacock),信中写道:"我很高兴……庆祝我最亲爱的、深爱的妻子安妮王后的加冕仪式。"

安妮不需要一场公开的王室婚礼,王后加冕礼就足以证实她是国王的新婚妻子。1533年5月29日,一艘富丽堂皇的王室游船载着安妮·博林驶进伦敦塔。一行船队有50艘驳船,由一条

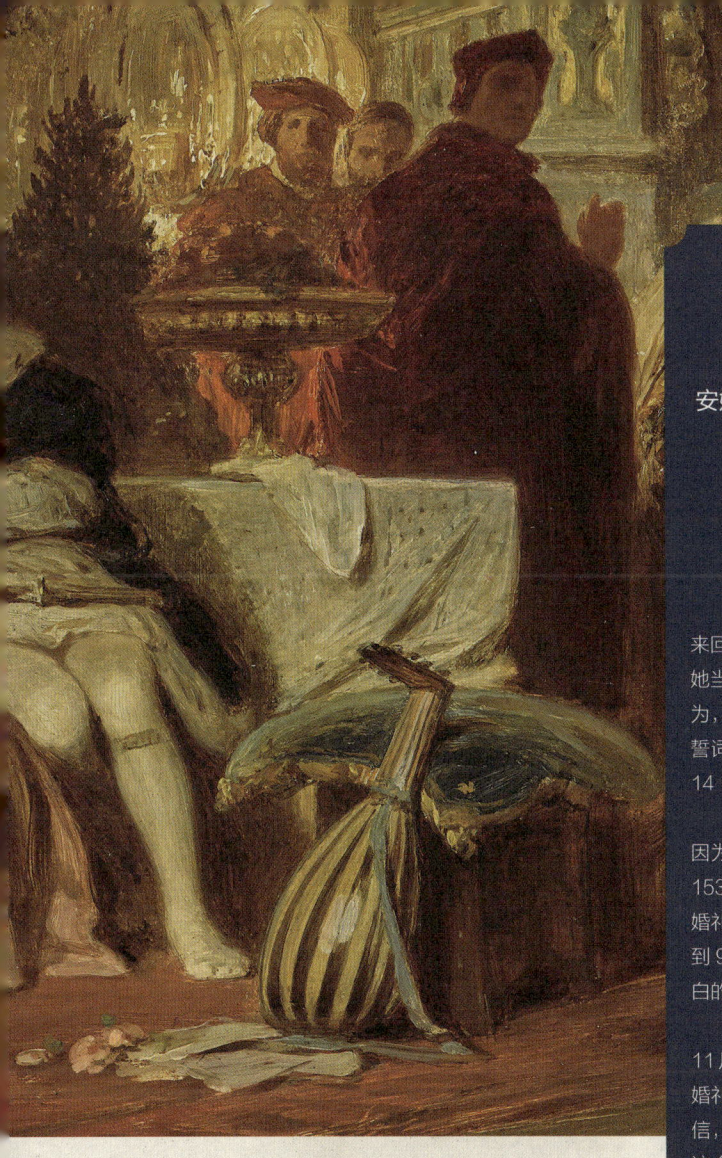

圣埃尔肯沃尔德节的新娘

安妮与亨利可能在 1532 年年底就已结婚，而且是在一个非常重要的日子里。

几个世纪以来，人们一直猜测安妮与亨利从加来回国后不久就结婚了，且法国国王弗朗索瓦一世把她当作亨利的伴侣来招待。编年史家爱德华·霍尔认为，亨利与安妮很可能于 1532 年年底就交换了结婚誓词，并在圣埃尔肯沃尔德节之日（1532 年 11 月 14 日）举行了婚礼。

新教历史学家热衷于遵循爱德华·霍尔的理论，因为它可以保证二人的女儿伊丽莎白一世是婚生子。1533 年 1 月 25 日，亨利与安妮举行了另一场秘密婚礼，距伊丽莎白一世出生（1533 年 9 月 7 日）不到 9 个月，而 1532 年 11 月的婚礼可以消除伊丽莎白的王位合法性的所有疑虑。

11 月 14 日也是一个非常重要的日子。1504 年 11 月 14 日，阿拉贡的凯瑟琳嫁给了亨利的哥哥亚瑟，婚礼在伦敦的圣保罗大教堂举行。这场婚礼让亨利相信，他与西班牙凯瑟琳公主的婚姻是无效的，所以在这个日子举行婚礼对他来说具有特殊意义。但因缺少书面记录，我们无法知道安妮是否像凯瑟琳一样，真的在圣埃尔肯沃尔德节那天成为了一名新娘。

▲ 圣埃尔肯沃尔德是一位受欢迎的中世纪圣徒。部分观点认为，亨利与安妮是在 1532 年的圣埃尔肯沃尔德节那天实际完婚的

喷火的龙船开路。5 月 31 日，安妮王后身着一袭白衣，头上戴着镶嵌珠宝的头饰，穿过铺着红色地毯的伦敦街道。她乘坐的马车上撑有金色华盖。街上的喷泉满溢着美酒，王后享受盛典款待。6 月 1 日，她身着一袭王室紫袍，走进威斯敏斯特大教堂，克兰默把圣爱德华王冠牢牢地戴在她的头上，而在此之前，这顶王冠只用于国王加冕礼。

等待多年，安妮的王后地位终于巩固了。当初，王后是在一个寒冷的早晨于黑暗房间举行的婚礼上受封，这是一段最不隆重的王室罗曼史，却永远地改变了君主制、教会和国家。

英格兰女王玛丽一世 & 西班牙腓力二世

1554年7月25日

这是一场终极天主教婚礼。就在两人见面两天后,玛丽与腓力在温彻斯特大教堂举行了一场婚礼,在用法语、西班牙语和拉丁语举行的婚礼弥撒上宣布结为夫妻。婚礼于玛丽复辟罗马天主教之际举行。新郎的宗教信仰在英格兰引起了众怒,局势非常紧张。

苏格兰玛丽女王 & 法国王储弗朗索瓦

1558年4月24日

苏格兰女王与法国王位继承人期待已久的婚姻或许光彩夺目，
但在奢华背后隐藏着一个肮脏的秘密。

作者：梅拉妮·克莱格

16世纪的君主及其配偶大都魅力非凡，但很少有人能像苏格兰玛丽女王那样拥有如此魅力。刚出生6日，她便继承了父亲詹姆斯五世的王位，成为苏格兰女王。玛丽·斯图尔特（Mary Stuart）的女王生涯、毁灭性的下台以及后期流亡引起了很多关注。这是一场权力角逐，并非所有遭遇都值得同情，就连最有权势的女性在这个特殊时期也会面临不利局面。

玛丽在英格兰被软禁近19年之久。相比之下，她在苏格兰的亲政时间就如昙花一现。在1561年8月至1567年7月的6年时间里，权力的缰绳从她手中逐渐滑落，局势一年比一年混乱。但在此之前，玛丽的前途的确一片光明，尤其是在她嫁给法国王储弗朗索瓦（François）的时候。亨利八世是苏格兰与法国的共同敌人，故而苏格兰与法国有理由维持老同盟关系，携手对付英格兰。亨利威逼苏格兰交出小女王，希望她能在英格兰宫廷长大，并嫁给他的继承人——威尔士亲王爱德华。为了争取时间，玛丽·德·吉斯（Marie de Guise）公开表示支持英格兰，同时向弗朗索瓦一世秘密保证，她无意让女儿落入英格兰之手。她的目标是让女儿嫁给弗朗索瓦一世的长孙，最终让法国与苏格兰实现联姻。弗朗索瓦一世的长孙比玛丽的女儿小两岁。

1547年1月，亨利八世去世，他的儿子爱德华继承了王位，形势变得更加严峻。爱德华的叔叔兼摄政王萨默塞特伯爵（Earl of Somerset）带领一支侵略军越过边境，意图占领苏格兰，征服苏格兰人民，抓住玛丽女王。惊恐万分的玛丽·德·吉斯送走女儿，匆忙与法国新国王亨利二世谈判。这位新国王承诺，小玛丽可以在法国王室托儿所，与未婚夫一起被抚养长大；作为交换，法国应向苏格兰输入军队与军事装备，一劳永逸地将英格兰人赶出苏格兰。

玛丽·德·吉斯将唯一的女儿送到法国，这对她而言是沉重一击。但她知道，为了保证女儿与国家安全，必须做出牺牲。苏格兰的贵族们可能会抱怨，自己的国家成了法国的有效动产。一些务实之人意识到与法国联盟，远比被英格兰蹂躏、被英格兰国王统治要好得多——几百年来，他们自豪而又勉强地避免了陷入这种境遇。

与法国王储完成订婚仪式后不久，玛丽便于1548年7月底被送往法国。13年后，才得以返回祖国苏格兰。玛丽到达法国宫廷之际，亨利二世张开双臂欢迎她，而亨利二世的妻子凯瑟琳·德·美第奇（Catherine de' Medici）在谈到苏格兰小女王时更加保守。当然，每个人都渴望看到玛丽与王储的相处结果。玛丽与王储成了好朋友，亨利大感宽慰。玛丽是个漂亮女孩儿，有着一头褐色的头发，一双淡褐色的眼睛，皮肤如瓷器一般白皙无瑕。很快，弗朗索瓦就对充满活力和魅力迷人的小玛丽产生了孩子气的迷恋。玛丽最好的朋友是弗朗索瓦的妹妹伊丽莎白，两个小女孩儿共用一间卧室，一起学习功课。

在母亲同顽固的苏格兰人以及英格兰的入侵威胁作斗争之际，玛丽在法国宫廷里度过了无忧无虑的童年。由于地位高，极具个人魅力，她很快就被宠坏了，长大后自命不凡，自视甚高，总

这位年轻的苏格兰女王穿着一件闪闪发光的白色丝绸长袍，显得容光焕发，吸引了所有人的目光。

是期待崇拜和掌声。尽管她从未忘记自己是一位受封女王，她认为自己更像法国人，而不是苏格兰人。她接受了法语和基本技能的培训，如舞

▲ 詹姆斯五世及其妻子玛丽·德·吉斯的 16 世纪双人肖像图

蹈、音乐、诗歌和骑马。此外，她在法国宫廷还接受一些同样重要但不那么正式的课程。也许正是在亨利二世的情妇戴安娜·德·普瓦捷（Diane de Poitiers）的教导下，玛丽学会了如何运用女性魅力为所欲为。后来，玛丽发现并非所有男人都会拜倒在她的石榴裙下。

苏格兰臣民对这桩即将到来的婚姻忧心忡忡，担心本国会变成法国手中的动产，这一点是可以理解的。相比之下，玛丽登上王位后，她的法国亲戚们欣喜若狂。玛丽的母亲是克劳德·德·吉斯（Claude de Guise）的长女。克劳德·德·吉斯是洛林公爵之兄弟，为人正直，在宫廷声名鹊起。他与弗朗索瓦一世是朋友，并在意大利战争中英勇突出，凭借自己的本事受封为吉斯公爵。吉斯－洛林家族的座右铭是"人人为我，我为人人"（后被大仲马在著名的《三个火枪手》中引用），这并非没有原因。对于这个紧密团结、野心勃勃的家族来说，家族就是一切，他们会不惜一切代价，让自己和亲人登上权力的宝座。

斯图亚特王朝与都铎王朝

经过几个世纪的争斗,苏格兰和英格兰王位之间的积怨依然强烈。

几个世纪以来,苏格兰和英格兰统治者之间不断争斗,愈演愈烈,在16世纪亨利八世统治期间达到了顶峰。1503年,亨利八世的妹妹玛格丽特·都铎（Margaret Tudor）嫁给苏格兰国王詹姆斯四世,旨在缔结两国之间的永久和平条约。彼时,两国冲突已经持续了近200年。但在1513年,詹姆斯不情愿地听从法国盟友的要求并与英格兰开战后,不到10年,两国关系便彻底决裂。1513年,詹姆斯四世在抗击英格兰入侵的弗洛登战役中阵亡,加剧了两国之间以及都铎王朝和斯图亚特王朝统治家族之间的敌对形势。苏格兰的新国王詹姆斯五世是亨利八世的侄子,两位君主意见不一。詹姆斯迎娶法国瓦卢瓦州的玛德琳公主为新娘,借此巩固了苏格兰与英格兰最大敌人法国之间的老同盟关系,亨利对此勃然大怒。

玛德琳结婚没几个月就离世了,詹姆斯向法国贵妇玛丽·德·吉斯示好。亨利嫉妒侄子的年轻英俊,怀恨在心,想自己娶回玛丽,恶意破坏了詹姆斯的婚姻以及苏格兰与法国之间的同盟关系。

幸运的是,玛丽继续与苏格兰联姻。1542年12月,詹姆斯五世在与英格兰人的作战中惨败而归,不久便去世了,只留下尚在襁褓中的女儿玛丽继承王位。

1538年,玛丽·德·吉斯嫁给苏格兰国王詹姆斯五世。这是吉斯-洛林家族的最大成功,由此积聚了显著的家族财富,提升了影响力。但20年后,吉斯-洛林家族为玛丽找到了一门更高贵的婚姻,他们对未来前景感到高兴。

玛丽最杰出的吉斯家族的舅舅包括弗朗索瓦、洛林公爵与红衣主教查尔斯·德·洛林。外甥女即将成为法国王后,他们特别高兴。吉斯舅舅们在宫廷里四处摆架子,炫耀玛丽的新地位,为玛丽和本家族索要额外荣誉,结果,众怒如水火。玛丽正是在他们的坚持下,才有了自己独立的家庭,但玛丽花钱如流水,母亲玛丽·德·吉斯不得不动用自己的有限资源,使女儿保持时尚。

更危险的是,这几个舅舅毫不掩饰,他们的最终目的是看到玛丽与弗朗索瓦登上英格兰王位,声称如果玛丽一世死后无继承人,那么玛丽一世的侄女的地位会远高于玛丽的异母妹妹伊丽莎白。亨利八世逝世,留下遗嘱,将斯图亚特家族排除在继承人之外,但吉斯-洛林家族置亨利的遗嘱于不顾。

1558年4月19日,年方15岁的玛丽与其只有14岁的未婚夫在卢浮宫大厅正式举行了结婚仪式。他们出现在朝臣面前时，红衣主教德洛林牵住两人的手。两人宣誓并交换戒指，正式结婚。玛丽继承了母亲苗条的身材，显得异常高大，身体健康，活力十足。与此相反，弗朗索瓦却异常矮小，面色苍白，郁郁寡欢，举止笨拙。但显然，他们忠诚于彼此，也弥补了明显的身体差异。

婚礼于1558年4月24日星期日举行。那是一场奢华的婚礼，标榜了法国王储和苏格兰女王之间联姻的空前重要意义。法国若有足够勇气，伸手去夺取渴望已久的王位，英格兰最终会落入他们的手中。大婚前夕，玛丽住在巴黎主教的宫殿里。婚礼队伍步行一小段路程，来到巴黎圣母院，那儿有一条装饰华丽的廊道，通往教堂西侧12英尺高的平台。所有设计都是为了确保人群能全角度观看王室宴会（特别是新娘和新郎）。众人非常高兴，他们聚集在一起就是为了观礼。

婚礼在上午10点开始。首先出现的是国王的瑞士卫队，玛丽的舅舅弗朗索瓦·德·吉斯公爵紧随其后。舅舅被任命为大婚之日的王室管家，并担任司仪。在他的指示下，国王的乐师们开始为王室的绅士、嫡系王子和教会亲王演奏。乐师们带着十字架和圣物走上舞台，用蓝色丝绸装饰，上面绣有金色的百合花徽（fleurs-de-lys）。最后出场的是王室成员，他们佩戴的珠宝在春光下熠熠生辉。新郎同弟弟查尔斯、亨利走在一起。在他身后，红润美丽的新娘由新郎父亲与新娘表哥洛林公爵陪伴。

▲ 身为法国王储的弗朗索瓦。画像由弗朗索瓦·克鲁埃（François Clouet）绘制，绘制时间与玛丽的肖像画大致相同

▲ 苏格兰玛丽女王的蚀刻画

年轻的王后看上去如此幸福，整个人容光焕发。她穿着一件闪闪发光的白色丝绸长袍，上面镶满珍珠与钻石；拖着一袭由年轻侍女提起的鸽子灰色天鹅绒长裙，吸引了所有目光；头戴一顶装饰华丽的王冠，红色长发披散在背上；脖子上戴有一枚令人惊艳的哈利大吊坠，吊坠是公公赠与她的结婚礼物。

玛丽选择白色婚纱是大胆的举动。在当时，白色是法国丧偶王后的传统服饰。毫无疑问，她清楚这一点。人们普遍认为玛丽完全听命于舅舅们，但实际上，她是非常有主见的女性，只要愿意，她完全有能力我行我素。在法国传统宫廷婚礼上，新娘会穿红色、紫色和金色的衣服来彰显高贵地位。但玛丽知道，纯白色能更好地衬托她的肤色。纯白色无法由成熟女性驾驭，但能突显玛丽的青春美丽。

▲ 玛丽·斯图亚特与弗朗索瓦的婚姻是一件吸睛大事

弗朗索瓦似乎一点也不介意众人将目光都放在新娘身上。

依照传统，这对年轻夫妇应当在教堂外的平台上举行结婚典礼。主婚人是红衣主教兼大主教鲁昂。弗朗索瓦从父亲手上接过一枚戒指，戴在新娘的手指上。吉斯公爵总是热衷于得到民众认可，即使此举会损害他在王室中的声望。为了让所有宾客不会错过吉斯家族的成功，吉斯公爵坚持让纹章官（类似贵族的奴仆，地位相当于魔术师及吟游诗人）将观看的民众带下舞台，引导他们进入教堂，只留下新人站立在显眼的位置上，这让民众非常高兴。王室一行人进入大教堂时，

▲ 身穿丧服的玛丽一世肖像画，这是一幅19世纪的复制品

吉斯命令纹章官们"慷慨赠与"，向人群抛撒出大量金币和银币。人群一哄而上，引发骚乱，有几个人甚至被挤晕倒了。吉斯不得不下令停止抛掷金银币，无人因争抢而丧命可真是一个奇迹。

玛丽与弗朗索瓦对外面的混乱情形一无所知。他们走上婚礼圣坛，跪在金色垫布上接受圣礼，然后看着巴黎主教主持婚礼弥撒。在献礼期间，王室为宾客分发了更多的金银币，相信宾客们的举止应该比外面的人有礼貌、有涵养。婚礼仪式结束后，这对新婚夫妇离开了烛光摇曳的大教堂。他们遵从亨利国王的命令，在平台上又巡游了一圈，方便所有观礼宾客都能看到他们，他们也能听到人群的欢呼声。就像许多王室的男性配偶一样，弗朗索瓦似乎一点也不介意众人将目光都放在新娘身上。

随后，这对新人回到主教宫殿，在装饰华丽的大厅里举行婚宴。玛丽度过了一个漫长而又劳累的上午，疲惫不堪，便向公公抱怨说，她的王冠开始伤到头了，公公命人为她摘下王冠，等到宴会用餐时再戴回头上。

婚宴结束后，她也没有多少休息时间。接下来，玛丽与公公领跳第一支舞，而弗朗索瓦同他母亲搭档。舞会一直持续到下午5点，之后开始第二次巡游，前往正义宫参加庆祝晚会。正义宫离西岱岛上的巴黎圣母院很近，所以巡游队伍故意绕道而行。这样一来，整个下午挤在巴黎街道上的人们便可以一睹王室成员的风采。玛丽本不需要走巡游路线，但此时也坐在婆婆旁边巡游，而弗朗索瓦和他的父亲一起骑马。

一行人抵达正义宫，参加另一场宴会。随后是舞蹈和一系列精心安排的假面舞会和露天表演。美丽的宫女们打扮成缪斯女神，出现在金色战车上，所有人都在宣扬新王储的美德。随后，王储的弟弟们骑着金色和银色骏马穿过大厅。但更令人印象深刻的是当晚最后的盛会，出现了6艘装饰精美的机械船。亨利国王亲自驾驶其中一艘船，载着新郎去见玛丽，并再次邀请玛丽一同跳舞，而王储则同他的母亲搭档。

6艘机械船绕过大厅，年轻的玛丽一世喜笑颜开。一位讲述者告诉宾客们，这些机械船代表阿尔戈纳特人夺取金羊毛的船。亨利国王扮演杰森，而玛丽扮演金羊毛，他将用金羊毛团结法国、苏格兰和英格兰这三个国家。接下来是一系列歌颂玛丽一世联姻的史诗：如果玛丽一世与弗朗索瓦成为欧洲历史上最伟大王朝的奠基人，甚至比哈布斯堡王朝还要伟大时，法国将永远统治英格兰。这一切是那么令人兴奋。似乎无人担心，英吉利海峡对岸的英格兰人会如何看待这种强烈虚荣心的姿态。玛丽一世非常困扰，她妹妹伊丽莎

▶ 纪念婚事的银质奖章，1558年

玛丽·斯图亚特的3个丈夫
苏格兰玛丽女王一生中最重要的男人。

法国的弗朗索瓦二世
1544—1560
弗朗索瓦是亨利二世和他的意大利妻子凯瑟琳·德·美第奇的长子。这对夫妇结婚11年后，终于有了一个期盼已久的孩子。弗朗索瓦自幼注定要成为他的远房表姐苏格兰玛丽女王的丈夫。弗朗索瓦与未婚妻一起长大，最终于1558年4月结婚，当时他年仅14岁。一年多后，父亲亨利二世死于一场骑马比武事故，15岁的弗朗索瓦继承法国王位。弗朗索瓦二世在位仅17个月，就因耳部感染导致脑脓肿而死。在丈夫去世9个月后，玛丽回到了苏格兰。

亨利·斯图亚特（达恩利勋爵）
1545—1567
作为马修·斯图亚特（第二代伦诺克斯伯爵）和玛格丽特·道格拉斯夫人（亨利八世的长姐玛格丽特·都铎和她的第二任丈夫唯一的女儿）的长子，达恩利声称自己是苏格兰和英格兰的继承人。然而，亨利八世的遗嘱将斯图亚特家族排除在英格兰王位继承人之外。1565年2月两人第二次见面后，玛丽便很快决定嫁给他，但妹妹伊丽莎白一世强烈反对这门婚事。从一开始，这段婚姻就是一场灾难。彼时，达恩利住在爱丁堡，他在爆炸的废墟中惨遭杀害。

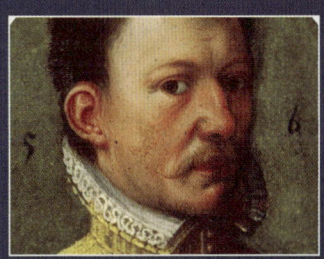

詹姆斯·赫伯恩（博思韦尔伯爵）
1534—1578
玛丽回到苏格兰后，博思韦尔是她最亲密的支持者之一。博思韦尔涉嫌谋杀玛丽的第二任丈夫，1567年4月被判无罪，尽管他确实可能对这起谋杀案负有责任。4月末，据称博思韦尔绑架了玛丽，强迫她成为他的妻子，但人们有理由相信，玛丽其实是自愿嫁给第三任丈夫的，"绑架"故事是为了安抚博思韦尔的敌人。但他们的结局悲惨——这对夫妇分道扬镳后，博思韦尔被囚禁在丹麦，死于德拉格姆城堡的地牢里，精神失常。

▲ 新婚夫妇的蚀刻画

> 一个在位君主竟如此轻率地把自己的国家拱手相让，这太令人震惊了。

白即将继承王位；而在西班牙，伊丽莎白的丈夫腓力二世热衷于保留他在英格兰的私有土地。

对于那些地位最高的朝臣来说，能参加主教宫宴会是一件显示亲密关系之事，但它更像是一场礼仪性活动。整个王室都参加了，还有成群结队到巴黎来见证婚礼仪式的外国大使和外国宾客们。苏格兰贵族受到了法国主人的特别礼遇，因为他们被视为玛丽母亲的使者，而玛丽的母亲无法亲自到场参加。如果说苏格兰人对这桩婚事（尽管联姻能让他们免受英格兰人的侵扰，但在某一时期他们可能会受到法国入侵英格兰的影响）有任何疑虑的话，法国国王的慷慨大度至少能让他们平静下来，甚感欣慰，因为法国国王保证他们可以得到热情款待。不过，如果他们知道就在20天前，苏格兰女王在枫丹白露签署了三份秘密文件，协议称若后继无人，苏格兰将被奉送给法国，那么他们可能就笑不起来了。

第一份秘密文件是一份契约，说明"鉴于法国国王对苏格兰王国的保护和维护始终怀有一种独特而完美的感情，使其免受英格兰人的侵略"，若玛丽死后无继承人，苏格兰和英格兰王位都将由法国国王继承，苏格兰将成为法国王储的永久私有财产。玛丽在第二份秘密文件中同意，如果她死后没有继承人，苏格兰的所有财政收入都归法国国王所有，直至偿清玛丽接受教育和抵御英格兰人所花费的100万枚金币。苏格兰并不是非常富有的国家，该债务让苏格兰几代人都被控制在法国手中。第三份秘密文件是由玛丽和弗朗索瓦签署，确认其他两份秘密文件是完全合法且有效的，无论今后有任何变化，都将继续有效。

一个在位君主竟如此轻率地把自己的国家当成"礼物"拱手相让，有意背上可能永远无法偿还的沉重债务，这太让人震惊了。但玛丽当时年仅15岁，她完全信任吉斯舅舅，在他们的劝告下行事。不仅如此，她还不知道子民会为成为法国动产的前景而忧心忡忡。她天真地以为，法国人对苏格兰盟友非常慷慨，如果她自己无法做到，他们大概可以依靠法国来保护本国利益。

这些文件（直到一个多世纪后的路易十四统治时期才被发现）的保密性本应使玛丽意识到，她违背了本国人民的利益。当然，参加她婚礼的苏格兰贵族们也有一些想法，他们认为这种伟大的友谊之举掩盖了更阴暗的东西。特别是，当玛丽的舅舅红衣主教洛林要求把苏格兰王冠带到法国，并将王冠和其他珠宝一起放在圣丹尼斯大教堂时，人们便更加怀疑了——苏格兰人愤怒地拒绝了这个无理的要求。

结婚庆典持续了好几天。庆典活动包括卢浮宫宴会和舞会，以及在玛莱酒店前举行的传统锦标赛。那一日，39岁的亨利二世身穿盔甲，骑马出门。没人能预料到，仅仅过了一年多，他在女儿伊丽莎白和西班牙国王腓力二世的结婚庆典上比武时，在同一地点被刺穿头部，10天后因重伤而亡。于是他的15岁的儿子加冕为法国国王，儿媳加冕为法国王后。这对玛丽来说是她人生中的另一个高峰，尽管其中带有悲剧色彩。她与丈夫离开巴黎，前往皮卡迪的维莱科特雷城堡度蜜月，她完全未受到头顶乌云密布的困扰，她的心思几乎都放在享受成功的愉悦巅峰上。后来，她写信给母亲，说自己是"世界上最幸福的女人"。在那一刻，她完全有理由相信自己是幸福的。

法国国王亨利四世 & 王后玛丽·德·美第奇

1600年10月5日

亨利和玛丽举行了两次婚礼。1600年10月5日,他们在托斯卡纳通过代理人举行第一次婚礼,庆祝活动一直持续到玛丽动身去法国为止。她耗费巨资,2000人与她同行。11月3日,一行人抵达马赛,然后前往里昂,欢呼的人群在那里迎接玛丽。12月17日,亨利和玛丽在圣约翰大教堂接受教皇公使的祝福。

1625年5月11日

查理一世 & 亨丽埃塔·玛丽亚

国王与公主的婚礼证明了包办婚姻远非如此简单。

作者：杰茜卡·莱格特（Jessica Leggett）

查理一世与亨丽埃塔·玛丽亚（Henrietta Maria）公主的婚姻是一门典型的王室婚姻。这桩婚姻意在确保英格兰和法国结成联盟。双方出于政治利益而联姻，在婚后几年爱上了对方，才碰巧有了幸福结局。但他们的婚姻之路从一开始就坎坷不平。

为查理挑选新娘是一件难事。查理一世的父亲是苏格兰国王詹姆斯六世和英格兰国王詹姆斯一世。他父亲希望通过与西班牙联姻和外交联盟关系，遏制吞噬欧洲的"三十年战争"。不料，英格兰议会与民众激烈反对与西班牙联姻。

詹姆斯国王和查理王子坚持了近10年，1623年，谈判最终还是失败了。由于找不到合适的新娘人选，王室将目光转向了法国公主亨丽埃塔·玛丽亚。她是法国国王路易十三的妹妹，也是法国国王亨利四世与王后玛丽·德·美第奇的女儿。1610年，亨利四世被一名天主教狂热分子暗杀。当时，亨丽埃塔·玛丽亚尚不满一岁，对父亲毫无印象。1624年2月，查理派肯辛顿子爵亨利·里奇（Henry Rich）到巴黎的法国宫廷去寻找未来新娘。

公主给肯辛顿子爵留下了好印象，肯辛顿也留意到她对查理很感兴趣。王子和公主从未正式会面，但他们可能在前一年有过一面之缘。当时，查理王子经由法国前往西班牙，去进行婚约谈判。在此之前，查理丝毫没有考虑过亨丽埃塔·玛丽

▲ 描绘国王查理一世与亨丽埃塔·玛丽亚公主结婚仪式的版画

▲ 查理与亨丽埃塔·玛丽亚在度过艰难的初始岁月后，发展出一段恋爱关系

亚，但他确实吸引了她的注意力。

肯辛顿继续进行联姻谈判，并把查理王子的兴趣转达给了公主。当时，亨丽埃塔年仅14岁，而她未来的丈夫比她大9岁。虽然年轻，但亨丽埃塔分明知晓自己是查理的第二选择。她不能让成为英格兰王后的机会从指缝间溜走，于是热情地对待这桩婚事。在经历了西班牙那场令人尴尬的婚约谈判失败之后，亨丽埃塔·玛丽亚是剩下的最佳人选，查理也急于把婚事办完。

几个月后，英格兰和法国达成协议，并于1624年11月10日在巴黎签署条约。一个月后，国王詹姆斯和查理在枢密院成员白金汉公爵和康威勋爵的见证下，在剑桥批准了该条约。

就像与西班牙联姻一样，英格兰议会也反对与法国联姻，因为亨丽埃塔·玛丽亚是罗马天主教徒。更糟糕的是，条约同意给予她做礼拜的自由，允许她拥有一座供个人使用的教堂。议会认为，这桩婚事会使未来的王后成为叛国的怀疑对象。

事实证明，引起议会关注的不仅仅是亨丽埃塔·玛丽亚。詹姆斯和查理向议会承诺不会对天

主教让步,但在私底下仍与路易国王协议,所有因宗教信仰而入狱的天主教教徒都将获得自由,不会再因为自己的信仰而受到迫害。

作为交换,亨丽埃塔·玛丽亚的嫁妆定为12万英镑,但法国在条约中拒绝与英格兰结盟,只是含糊地承诺支持詹姆斯和查理。情况并不理想,但国王与王子没有因此被吓倒。订好婚约后,查理致信亨丽埃塔·玛丽亚,表达了对订婚的喜悦之情。这封信还附有他本人的一幅肖像画和送给未婚妻的珠宝首饰。

如果这对刚订婚的夫妇认为,最艰难的时刻已经过去,那他们就大错特错了。1625年3月27日,正当亨丽埃塔·玛丽亚被送往英格兰之际,詹姆斯国王缠绵病榻数月后,终于不治而亡。查理本可以推迟婚礼,但谈判一直很艰难,他只想尽快完婚。

6周后,1625年5月8日,法国国王路易十三世在卢浮宫宣布妹妹与查理订婚的消息。那一日,公主身穿一件绣有百合花徽的银质华服,上面缀满钻石与珍珠。为了尽快举行婚礼,3天

▲ 查理和亨丽埃塔·玛丽亚的婚礼，亨丽埃塔移居英格兰，成为王后

后在巴黎圣母院举行了代理结婚仪式。亨丽埃塔·玛丽亚一生都笃信宗教，大婚前夕，她在巴黎郊区的一所修道院里过夜。

大婚之日到来了。贵族们身穿华丽服饰，来到大教堂，街道上挤满了期待观礼的人。查理身在英格兰，因此决定由切韦里塞公爵克劳德·德·洛林（Claude de Lorraine）代理结婚。他头戴一顶镶嵌珠宝的金色帽子，披着一件镶着黄金与钻石的斗篷。

虽然是代理结婚，但这仍是一场奢华高端的婚礼。15岁的新娘穿着一件闪闪发光的长袍礼服，礼服上缀满了金色的百合花，头上戴有一顶镶着闪亮钻石的王冠。专门为婚礼搭建了平台，平台柱子上装饰着绣有百合花的紫罗兰色缎子。平台位于大教堂的教堂门外，这样一来，胡格诺派的切韦里塞公爵与英格兰新教大使就无须因进入教堂内部而妥协了。婚礼结束后，亨丽埃塔·玛丽亚与法国人一同进入大教堂，参加婚礼弥撒。教堂外，散发婚礼纪念章给围观人群。纪念章的一面是丘比特画像，另一面是查理与新王后的肖像画。

弥撒结束后，热闹的庆祝活动开始了，燃放烟花、点起篝火并鸣响礼炮。王室婚礼的消息传到英吉利海峡对岸时，伦敦街头也举行了类似的庆祝活动。这场婚礼未能圆满，仅举行了象征性仪式。

既然二人已经结婚，查理就想尽快把新娘带到英格兰。但会面计划不断有变，部分原因是国王与议会之间的持续冲突。后来，新王后的哥哥身体不适，法国北部又洪水泛滥，王后离开巴黎的时间不得不推迟到5月22日。

最终，查理于5月31日离开伦敦，途经罗切斯特前往坎特伯雷，在那里住了两晚，再冒险前往多佛。迅速抵达后，查理派"王太子号"轮船去布洛涅接亨丽埃塔·玛丽亚。因随行人员众多，再加上王后母亲在亚眠病倒，行程又被耽搁。

王后抵达了法国海岸，"王太子号"轮船正等待她，但暴风雨天气使他们无法立即动身。历经磨难，这艘船终于在6月12日离开布洛涅，经过8个多小时于晚上7点左右抵达英格兰。为了方便上岸，英格兰为新王后建造了一座人工移动桥，她跨过这座桥，第一次踏上新家园。

查理为了迎接她的到来，修缮了多佛城堡，让新婚妻子能居住得更舒适。他耗资了2600英镑，但亨丽埃塔·玛丽亚的法国侍者对新环境非常不满意。无论如何，王后与随从侍女在多佛度过了一夜。查理回到坎特伯雷，等待她的到来，并承诺在她休憩好后的第二日去接她。

次日早上，国王动身前往多佛迎接新娘。二人婚后首次见面，非常开心，含情脉脉地凝视对方，查理将亨丽埃塔·玛丽亚搂抱在怀里，热情地亲吻她。为了能亲自迎娶新王后，这对新人前往坎特伯雷。据说，他们在坎特伯雷大教堂举行了另一场婚礼。

当天用餐时，查理亲自为亨丽埃塔·玛丽亚切肉，以示爱意。看来，这对新婚夫妇确实相处得很好。晚上，这对新人前往圣奥古斯丁修道院的门楼。切韦里塞公爵夫人陪同亨丽埃塔·玛丽亚进入卧室，查理由两名侍者陪同进入。国王把他们都打发走后，锁上门，度过了完美的新婚之夜。

第二天，王室随从们动身前往伦敦，但查理却与亨丽埃塔·玛丽亚的大侍女圣乔治夫人之间发生了些许不愉快，引发了一点紧张情绪。圣乔治夫人一直是亨丽埃塔·玛丽亚的心腹，她曾试图乘坐新婚夫妇的马车，但遭到查理国王的断然拒绝。查理坚决表示，她不能坐在自己妻子身边。这仅仅是查理同亨丽埃塔·玛丽亚的侍女们之间的第一次冲突。

6月16日，国王与王后终于抵达格雷夫森德。这对夫妇身穿漂亮的绿色衣服，一起登上驳船，沿着泰晤士河前往白厅。一路上，他们向排队观礼的人们挥手致意。在结婚庆典上，伦敦塔上空响起礼炮声，这对夫妇朝着他们的最终目的地"丹麦之家"走去。

6月17日，最后的婚礼仪式在白厅举行，正式确认了这桩婚姻，也巩固了亨丽埃塔·玛丽亚的英格兰、苏格兰和爱尔兰的王后地位。但因语言和宗教信仰不同，查理又依赖于父亲最宠爱的白金汉公爵，而亨丽埃塔·玛丽亚依赖自己的法国亲信，这对王室夫妇的关系很快就出现了裂痕。最终，国王与王后克服了重重障碍，但无法摆脱与议会之间不断升温的紧张关系。仅仅20年后，英国内战爆发。

与西班牙联姻

查理与亨丽埃塔·玛丽亚是命中注定的一对。

苏格兰国王詹姆斯六世和英国国王詹姆斯一世，决心让儿子查理与西班牙国王腓力三世之女玛丽亚·安娜公主结婚。如果联姻成功，西班牙会提供一大笔新娘嫁妆，并承诺，如果詹姆斯插手控制西班牙美洲海域的英国私掠船，就不会干涉爱尔兰的问题，这对詹姆斯非常有利。

自1614年开始，两国的联姻谈判反复了将近10年。在1604年结束的英西战争后，英格兰议会（特别是下议院）对西班牙怀有极大敌意。1621年，议会要求查理王子娶一位新教新娘，詹姆斯和查理都对此火冒三丈，国王与议会之间的关系也进一步恶化。詹姆斯和查理认为，他们有权自行选择新娘，故查理决定亲自处理婚事。

1623年2月，查理王子和白金汉公爵乔装前往西班牙，悄悄考察玛丽亚·安娜公主，最终敲定了新娘人选。事实证明，政治并不是唯一的阻碍因素，因为玛丽亚·安娜对王子毫无兴趣。她无意嫁给非天主教教徒，且西班牙要求英格兰废除针对英格兰天主教教徒的刑法，查理无法满足这项条件。8个月后，查理和白金汉公爵回到英格兰，却未能带回新娘，这让英格兰人民松了一口气。

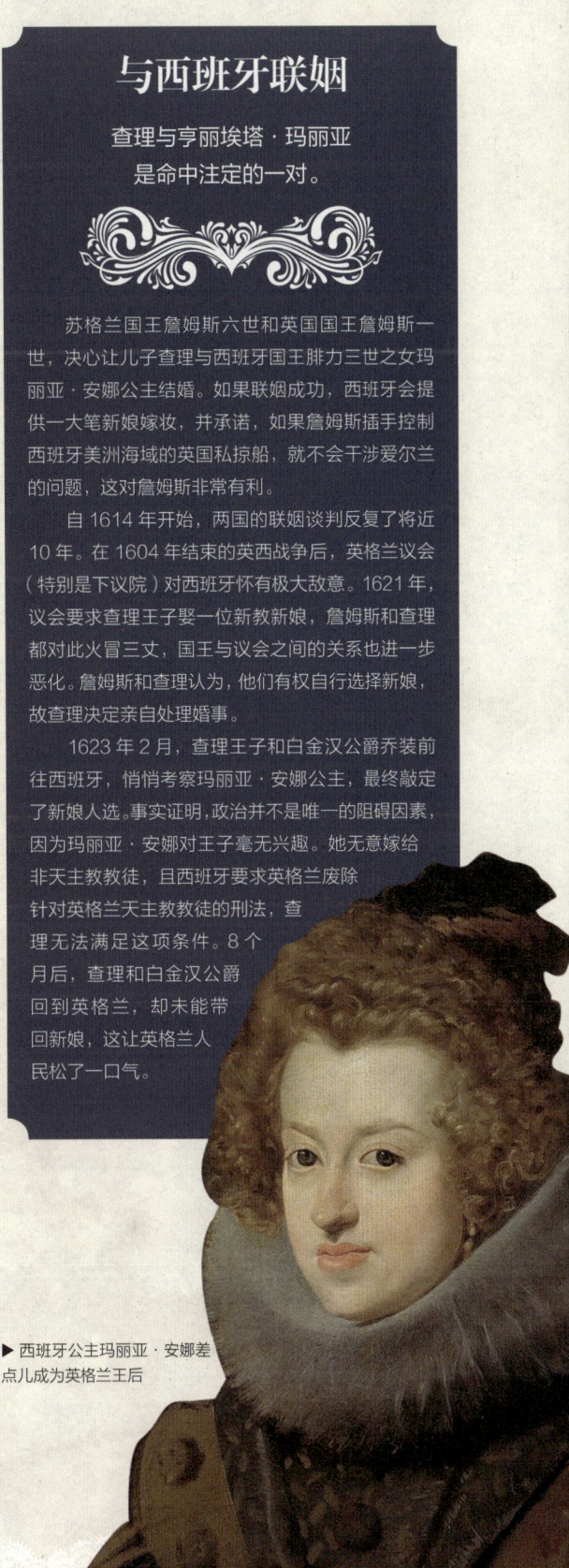

▶ 西班牙公主玛丽亚·安娜差点儿成为英格兰王后

达拉·舒科 & 娜迪拉·班

1633年2月1日

沙贾汗（Shah Jahan）为他钟爱的亡妻修建了泰姬陵。作为沙贾汗的长子，达拉·舒科（Dara Shukoh）注定要举办一场奢华的婚礼。在他的婚礼上，乐师们骑着大象，庆祝的人们手上都捧着礼物。随后，更多庆祝活动在王子的住所举行，达拉·舒科骑上一匹"玫瑰色快马"，同随从们一起出发。

路易十四 & 玛丽亚·特蕾莎

1660年6月9日

法国国王路易十四和西班牙公主玛丽亚·特蕾莎的婚姻是17世纪最重要的王室联姻之一，它结束了法国与西班牙之间长久的战争。

作者：梅拉妮·克莱格

1643年5月，年仅4岁的路易十四继承王位。人们一直热衷于讨论和猜测谁将成为他未来的新娘。当然，他的西班牙母亲（奥地利的安妮）盼望他能迎娶西班牙的玛丽亚·特蕾莎公主（Maria Theresa）。玛丽亚·特蕾莎是安妮王后的哥哥腓力四世与法国伊丽莎白公主的女儿。自1635年以来，法国一直与西班牙交战，而且双方的敌对状态丝毫没有缓和的迹象，安妮王后的联姻计划看似遥不可及。由于16世纪的欧洲宗教改革和新教的传播，符合条件的天主教公主更加稀缺。但当时仍有一些新娘人选，例如法国路易十四的姑姑克莉丝汀（嫁给了萨沃伊公爵）的三个女儿以及安妮-玛丽-路易斯（Anne-Marie-Louise）。后者是欧洲最富有的女人，也是路易十四的叔叔加斯东的长女和奥尔良公爵的继承人。新娘人选还有亨丽埃塔·安妮（Henrietta Anne），即另一位姑姑（英格兰王后亨丽埃塔·玛丽亚）的小女儿。英格兰公主通常不是合适人选，因为英格兰议会拒绝天主教和基督新教。不过，亨丽埃塔·安妮自蹒跚学步起，就一直住在法国宫廷，从小就被当作天主教教徒抚养长大。这些公主都是小国王的表兄妹。可是，安妮王后和她的首席顾问红衣主教马扎林（Mazarin）谋划小国王的未来婚约之际，丝毫

▲ 路易十四与玛丽亚·特蕾莎的婚礼是在一座简陋的教堂里举行的,但他们仍然有全套的王室婚礼装饰

▲ 订婚后，玛丽亚·特蕾莎把委拉斯开兹（Velázquez）创作的一幅肖像画送至法国宫廷。她那奇特而又相当老式的西班牙服装和发型招致朝臣们的冷嘲热讽

路易十四恳求母亲，允许她和情人玛丽·曼奇尼结婚。

上奥利弗·克伦威尔（Oliver Cromwell）以"英格兰护国公"的身份稳坐王位，她们几乎无法重登王位。亨丽埃塔·安妮的弟弟查理二世也生活贫困，依附于远在荷兰的姐姐玛丽生存。因此，迎娶亨丽埃塔·安妮的新郎必须足够富有，才能对她没有嫁妆这一点视若无睹，甚至还要为她的家族提供经济支持，资助弟弟查理二世夺回王位。一方面，路易十四对斯图亚特家族的表兄妹们深表同情；另一方面，他和首席顾问红衣主教马扎林也热衷于与奥利弗·克伦威尔维持良好关系。假如他迎娶一位正流亡的英格兰国王的姐妹，那这门婚事肯定会破坏一触即溃的同盟关系。

1658年，19岁的路易十四徘徊在死亡的边缘，差点死于伤寒。马扎林认为婚事再拖下去，很可能会出现无继承人的问题，于是开始认真挑选新娘。原本，路易十四的婚事可以一直拖到他快30岁的。新娘的首选是萨沃伊的玛格丽特·约兰德（Margaret Yolande），即路易十四的姑姑克莉丝汀（萨沃伊公爵夫人）的二女儿。一想到女儿有一天会成为法国王后，克莉丝汀就喜出望外。不过，她姐姐亨丽埃塔·玛丽亚也希望自己的女儿亨丽埃塔·安妮能成为法国王后，两人关系因此闹得非常僵。安妮王后对马扎林挑选的新娘也不满意，她仍然寄希望于同西班牙联姻。1658年秋，法国宫廷的一行人浩浩荡荡地前往里昂，与萨沃伊王室建立联络关系，让路易十四和玛格丽特·约兰德可以亲自见面。表面上，路易十四非常顺从，但他坚持要把情人玛丽·曼奇尼（Marie Mancici，

没有考虑到近亲联姻会带来什么遗传性后果。

自路易十四出生以来，安妮-玛丽-路易斯·奥尔良（Anne-Marie-Louise d'Orléans）就叫他"小丈夫"，这显然表明她非常渴望嫁给他，盼望有一天能当上法国王后。但实际上，她脾气暴躁，难以相处，又比路易十四大11岁，这桩婚事不太可能会成功。英格兰的亨丽埃塔·安妮美丽迷人，更有潜力成为新娘，她比路易十四还小，生性温顺，乐于助人，不会觊觎舅妈安妮王后手上的权力——安妮王后是法国最重要的女性，也是她儿子的摄政者，备受人民赞誉。不过，亨丽埃塔·安妮生活困顿，非常贫穷，和她的寡居母亲亨丽埃塔·玛丽亚王后一样，都只能依靠安妮王后偶尔发放的一小笔养老金生活。自从英格兰王室在英国内战中战败且查理一世被处死后，亨丽埃塔·安妮就一直流亡欧洲大陆。再加

红衣主教马扎林最不喜欢的侄女）带着，全程不离。玛格丽特·约兰德对这位精力充沛、相貌英俊的年轻法国国王颇有好感，但路易十四则认为她笨拙而又乏味，还抱怨她的皮肤太黑了，当时，贵族与王室女性都特别注意保护自己的白皙肤色，皮肤黑是她的不足之处。毫无意外，里昂的会面并不顺利。

里昂会面的消息传到西班牙，西班牙国王腓力四世怒不可遏，立马向朝臣们宣布，他的外甥和萨沃伊公主之间的婚事"不能也不会成功"。就在法国王室一行返回巴黎之际，一名西班牙王室的特使赶到，带来了一份由玛丽亚·特蕾莎公主签署的和平协议。马扎林很可能早就谋划好了这门婚事，里昂会面只是一个计谋，目的是迫使西班牙国王与法国达成期望的婚事。当然，安妮王后听到消息时欣喜若狂，大多数法国人也是一样。他们非常高兴即将结束法国与西班牙的长期冲突，甚至称赞西班牙公主是"和平王后"。似乎，唯一不开心的人就是路易十四自己了。他被玛丽·曼奇尼迷得魂不守舍。令人大为惊恐的是，路易十四甚至泪流满面，殷切恳求母亲和红衣主教允许自己娶曼奇尼为妻。几个月的恳求仍然无效后，路易被迫认命。1659年8月，他向玛丽·曼奇尼做了最终告别，而曼奇尼被送出宫廷。临别

▼ 诺格雷（Nocret）将路易十四、玛丽亚·特蕾莎及其家人描绘成西方的古典神灵。画中还有他们的第一代表亲，即英格兰的亨丽埃塔·安妮和玛丽-路易斯·奥尔良。这两位公主都曾是路易十四的新娘人选

▲ 意大利美人玛丽·曼奇尼。她是路易十四的首席顾问红衣主教马扎林的侄女，也是国王的初恋情人。为了迎娶玛丽亚·特蕾莎，路易不得不狠心抛弃了她

时，亨丽埃塔·玛丽亚赠与她一对漂亮的珍珠耳环。3个月后，两国于1659年11月7日签订了《比利牛斯条约》，同意了路易十四与玛丽亚·特蕾莎结婚的条件。该条约规定，一旦50万埃居的巨额嫁妆支付完成，新娘和她的后代就无权继承西班牙王位。嫁妆从未兑现过，但路易十四和玛丽亚·特蕾莎的孙子最终还是登上了西班牙王位，成为腓力五世。二人正式订婚，路易十四和玛丽亚·特蕾莎交换了肖像画，路易十四甚至给他未来的妻子写了一封相当生硬的信。遗憾的是，

岳父非常严厉,拒绝转交信件,说他们现在通信还"为时过早"。

实际上,玛丽亚·特蕾莎所长大的西班牙王宫既严肃又讲究形式,与法国宫廷形成了鲜明对比。在那幅送往巴黎的肖像画中,她的西班牙服装和发型早已过时,看起来相当拘谨,因此遭到了一些人的冷嘲热讽。与西班牙大相径庭的是,法国的贵族和王室女性青睐轻薄丝绸,卷发披肩,露出肩膀与胸部。据传言,几年来,玛丽亚·特蕾莎一直幻想与路易十四结婚,得知婚事成功和即将嫁至法国的消息时,她喜出望外。路易十四和他的母亲被这些传言打消了疑虑。1660年6月3日,这对新人在西班牙的富恩特拉比亚举行了一场简单的代理婚礼,一位西班牙贵族代替国王路易十四,西班牙腓力四世把女儿交到他手上。第二天,法国王室的一行人到达富恩特拉比亚。尽管这对年轻夫妇已经通过代理人结婚,腓力四世还是不愿意让他们见面。相反,他建议路易十四骑着马,经过玛利亚·特蕾莎的窗户,这样他们就可以从远处互相观察。路易十四当然不同意,乔装打扮一番,闯入了法国和西班牙王室之间的一次会议,更近距离地去瞧自己的新娘。虽然路易十四喜欢大胆而又迷人的黑发女郎,但他对玛丽亚·特蕾莎的第一印象相当不错。玛丽

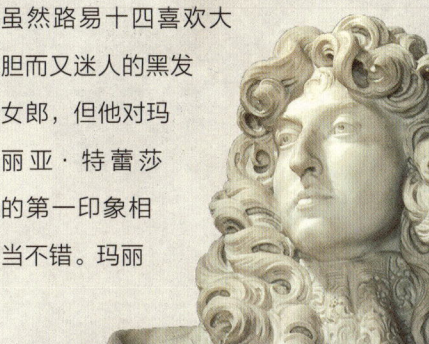

令人惊喜的太阳王

路易十四自小就认为自己很特别,难怪他会被视为典型的专制君主。

1638年9月5日,路易十四出生,时值父亲路易十三与奥地利的安娜结婚23周年。路易的中间名是迪厄多内,意为"上帝恩赐"之子。在意外怀上第一个幸存孩子之前,他的父母实际上早已感情淡薄,分居多年,所以人们认为路易十四的出生是一个奇迹。路易十四深受母亲宠爱。1643年,年仅4岁的路易十四继承王位后,他对母亲来说变得更加重要。在路易十四统治初期,法国动荡不安,整个国家由他母亲摄政。在母亲的鼓励下,路易十四达到法定年龄时能够独自执政,成长为一名实力强大、能力出众的君主。他对自己的神圣统治权有着不可动摇的绝对信心。1715年9月1日,路易十四逝世,享年76岁,执政长达72年之久。他是欧洲历史上在位时间最长的有独立主权的君主。

▲ 路易十四善于利用自己的形象进行宣传。即便身材矮小,他也总能确保艺术家让他看起来更加自信、英俊和尊贵

▲ 这幅充满幻想的寓言画象征着路易十四与玛利亚·特蕾莎的婚姻,以及二人的联姻为西班牙和法国带来的和平

▲ 玛丽亚·特蕾莎的父亲（西班牙国王腓力四世）是艺术史上人们最熟悉的帝王之一。这要归功于他委托宫廷画家迭戈·委拉斯开兹（Diego Velázquez）为他创作的多幅肖像画

亚·特蕾莎娇小玲珑，有着一头浓密的金发、一双大大的蓝眼睛、白皙的皮肤，面容姣好，她在法国宫廷里肯定会备受羡慕。同时，这位西班牙公主接受过良好的教育，不是特别精明，对政治问题也提不起兴趣，法国人为此松了一口气，因为他们已经受够了意志坚定又插手政治的王后们。玛丽亚·特蕾莎对宫廷的阴谋诡计丝毫不感兴趣，她可能会相当乏味，而路易十四又喜欢聪明机智、能逗他笑的女人。尽管如此，路易十四仍然欣赏新王后的优秀品质，她不像他的情妇那样，从未给他惹过什么麻烦，他迟早有一天会对此感激不尽。

几天后，也就是6月7日，玛丽亚·特蕾莎在父亲及西班牙随从的陪同下，前往费伦特岛（雉岛）。费伦特岛是一座无人居住的河中小岛，坐落在欧洲比达索阿河的中央。这条河是西班牙和

虔诚的公主

玛丽亚·特蕾莎在童年时备受呵护,所以法国宫廷的丑闻令她震惊。

　　1638年9月10日,玛丽亚·特蕾莎出生于西班牙的埃斯科里亚尔宫(Escorial Palace)。玛丽亚·特蕾莎是西班牙腓力四世和第一任妻子法国伊丽莎白公主唯一的女儿。玛丽亚·特蕾莎在华丽而又严厉的西班牙宫廷长大,一直受到精心保护,很少在公共场合露面。法西两个国家长期处于战争状态,但她小时候就爱上了表哥路易十四,总幻想有一天能嫁给他。她从小就认为,自己非国王不嫁。婚后,她以极其虔诚和相当乏味而闻名。除了吃巧克力、睡觉和同她从西班牙带来的小矮人玩耍之外,她几乎没有任何兴趣。这对夫妇共有6个孩子,只有王太子路易活到成年。1683年7月30日,44岁的玛丽亚·特蕾莎去世。路易十四非常悲伤地说:"这是她给我惹来的第一个麻烦。"

▲ 玛丽亚·特蕾莎总是渴望取悦路易十四。抵达法国后,她很快就放弃不好看的西班牙服装,改穿更时尚、更讨人喜欢的法国风格服装

法国的界河。小岛上,路易十四与王室一行人等待迎接玛丽亚·特蕾莎。玛丽亚·特蕾莎情绪激动地向父亲道别,她彻底意识到这一生很难再见到父亲了。6月9日,这对新人在圣让-德吕兹镇(波尔多附近的一个小镇)圣约翰洗礼会教堂正式举行婚礼,教堂建于13世纪,规模不大。路易十四穿着珠光宝气的黑天鹅绒衣服,看上去非常英俊。新娘只比他小5天,但看上去比实际年龄还小,她穿了一件饰有钻石百合花的礼服。严格意义上来说,自6天前在西班牙举行代理婚礼后,她就已经是法国王后了。她的金色卷发太浓密了,很难把王冠固定好。婚礼结束后,法国国王与新王后所经过的那扇门被隆重地用砖块封

▲ 路易的母亲（奥地利的安妮）是玛丽亚·特蕾莎父亲（西班牙国王腓力四世）的妹妹。宫廷画师常常将安妮王后与年幼的儿子画在一起，加强母子间的纽带

◀ 6天前举行了一场代理婚礼，玛丽亚·特蕾莎在那时就已经是法国王后了，所以她有资格穿上一件缀满百合花的裙子，而百合花是法国王室的象征

起来，显然，此举象征着法国与西班牙之间的冲突结束了，但也极有可能意味着其他不那么崇高的夫妇将永远无法使用这扇门。庆祝宴会结束后，这对夫妇立即进入了洞房。让人惊讶的是，玛丽亚·特蕾莎和路易十四一样渴望完婚。她让侍女们赶快帮她脱下衣服，换上睡衣，准备好床上用品。婚床已铺好，窗帘拉开，方便目击者见证新人同床。据说在新婚夜入睡前，玛丽亚·特蕾莎让路易十四承诺，每晚都必须同床共枕。人们无法得知是否确有其事，但看起来不管路易十四晚上起床做什么，他终究是做到了每晚与妻子共眠。

王室一行人花了两个多月时间才返回巴黎。街道上挤满了人，目送玛丽亚·特蕾莎正式进入新的国都。在数百名士兵与朝臣面前，一群僧侣和牧师穿着最好的衣服，手持十字架，焚香诵经，带领盛大的游行队伍。队伍中心是路易十四和他的新婚妻子玛丽亚·特蕾莎。路易十四骑着一匹华丽的枣红公马，而新娘坐在一辆由6匹灰色马拉的马车里，她穿着镶满钻石和宝石的金袍，身材娇小却光彩夺目。站在自家阳台上观看游行队伍的巴黎富人中，包括弗朗索瓦丝·德·奥比尼（Françoise d'Aubigné），她多年后与路易十四秘密结婚。第二天，她怀着相当羡慕的心情写了一篇日记："我认为世界上再也没有比这更美好的事情了。今晚，王后肯定会和她选择的丈夫好好地睡上一觉。"

英格兰安妮公主 & 奥兰治亲王威廉四世

1734年3月14日

圣詹姆斯宫的皇家礼拜堂是安妮公主与她的荷兰丈夫举行婚礼之地。报纸上公布了结婚细节。据报道,"婚礼……将举办得极尽奢华、隆重华丽。"婚礼颂歌是由亨德尔创作的。

玛丽·安托瓦内特 & 路易王储

1770年4月19日

玛丽·安托瓦内特的婚礼装扮足以让焦躁的新娘做噩梦。

作者：凯瑟琳·柯曾（Catherine Curzon）

纵观历史，很少有人像玛丽·安托瓦内特（Marie Antoinette）那样令人回味。她是法国历史上最知名的人物之一。人们常常想象她昂首阔步地穿过凡尔赛宫，梳着一头高耸入云的战舰发型，裙撑大得足以填满一扇门。她也是最具争议的女性之一，慷慨大气，追求时尚，生活极致奢华，但仍然能唤起人们的同情心，或令人咬牙切齿。

玛丽·安托瓦内特成为法国王后之前，她的头衔是奥地利女大公玛丽·安托瓦内特，装扮得没有那么光鲜亮丽，仪容也差得多。她十几岁便嫁给了路易，她的婚礼准备工作足以使最狂热的革命者痛哭流涕。

18世纪，王室婚姻是一项严肃的外交事务，它同浪漫的王子、迷人的公主和幸福婚姻无丝毫关联。联姻成功，国家就能兴盛，战争就能结束，历史的进程也可能会彻底改变。

玛丽·安托瓦内特的母亲是法国王后玛丽亚·特蕾莎，她精明强干而又雄心勃勃。特蕾莎一心希望神圣罗马帝国能与法国的波旁王朝结盟，那么还有什么比联姻更好的办法呢？玛丽·安托瓦内特是她最适合联姻的女儿。在王后眼中，生下法国王储后，再没有什么能阻挡她的雄心了。法国宫廷命舒瓦瑟尔公爵（Duc de Choiseul）牵头联姻谈判。在谈判过程中，双方达成了诸多妥协，花费了大量资金，才敲定各项合同条款。

如何穿着，才能给人留下深刻印象

尽管没有当时的相片，历史学家仍推测出了玛丽所穿婚纱的细节。

束胸衣
束胸衣是女士衣橱中必备的内衣单品。样式简单的束胸衣可以藏在结婚礼服里。婚礼当日，内衣是玛丽·安托瓦内特穿的唯一一件简单衣物。

银色曼图亚婚纱
最后一步是穿上婚纱。玛丽·安托瓦内特的银色曼图亚上镶满了钻石与珍珠，非常适合王室新娘。

鲸鱼骨衬裙
别呼气！玛丽·安托瓦内特之所以仪态完美，要归功于她那系得紧紧的鲸鱼骨衬裙。

银色抹胸
这件V形衣服穿在衬裙和曼图亚婚纱下面。它奢华精致，与其他公主礼服非常相配。

银色衬裙
玛丽的衬裙是用最上等的银线制成的，装饰得非常漂亮，由裙撑支撑起裙摆。

裙撑
这些篮子状的环形裙撑可以由鲸骨、木头等材料制成，宽3.5米，让18世纪的女性拥有了独特的宽臀造型。

长筒袜与吊带袜
玛丽·安托瓦内特的长统袜系在膝盖上，是纯白色的。

婚鞋
和今天一样，18世纪的新娘喜欢在婚礼上展示最好的婚鞋。穿戴整齐，搭上鞋扣，走起路来非常时髦。

> 波旁王朝的代表们一看到她那歪斜不齐、丑陋不堪的牙齿,都惊恐地屏住了呼吸。

▲ 路易十五为庆祝孙子婚礼而举办的舞会的请柬

对年轻的女大公而言,这种痛苦更多的是身体上的,而不是政治上的。准新娘带着价值20万克朗的巨额嫁妆,经济条件与联姻价值非常诱人。相比之下,她的外表、举止和着装就不那么吸引人了。新郎的家族以挑剔的眼光看待这名少女,对新娘的第一印象非常差。

玛丽·安托瓦内特的音乐天赋上佳,却基本没接受过专业教育。她一头乱发,咋咋呼呼,衣服乱糟糟,言行举止丝毫没有公主的样子。她无忧无虑,不懂礼貌,又不熟悉宫廷礼仪,看起来要做的准备工作实在太多了。13岁时,她再也无法同朋友们在户外自由漫步了,女大公玛丽·安托瓦内特是时候该长大了。格拉蒙特公爵夫人(Duchesse de Gramont,舒瓦瑟尔公爵的妹妹)接受委托改造公主。说到法式风格,她很清楚玛丽·安托瓦内特需要什么。

改造议程上的第一项是着装。着装改造算是相当温和的开始了。很快,无忧无虑的女孩儿就学会穿上最时髦的、精心设计的和做工考究的礼服了。在玛丽·安托瓦内特的奥地利家里,来自巴黎的服装样式、色板让人眼花缭乱,目不暇接;顶级制帽匠和裁缝供她使用。她的住所成了法国时尚界的前哨站。时装设计师们面临一项最大挑战,那就是说服少女穿上鲸鱼骨衬裙。僵硬束缚的胸衣是她新形象的关键一步。她不断反抗,但最终别无选择,只能屈服,牺牲了舒适,终于被打造成具有完美仪态的公主。

从爱玩的小女孩儿成长为一名泰然自若的新娘,她要经历漫长而又痛苦的过程。不可避免,激动与焦虑情绪必定是压倒性的。她总是期待尽早结束漫长的一天,摆脱鲸鱼衬裙,急促地呼吸一大口新鲜空气。

如果说给玛丽·安托瓦内特换装是一件难事,那么改变她的外表简直无异于折磨人心。女大公露齿而笑时,波旁王朝的代表们看到她那歪斜不齐、丑陋不堪的牙齿,都惊恐地屏住了呼吸。尽管如此,两大家族还是不愿意让这桩小事妨碍到联姻。1768年,牙科学会的皮埃尔·拉维兰(Pierre Laveran)被召到维也纳。他肩负着一项不值得羡慕的任务——让女大公拥有适合法国王后的整齐牙口。他清楚自己要怎么做:用"费查牙套"(Bandeau)装置来矫正牙齿。

▲ 玛丽·安托瓦内特的这双鞋子是那个时代的典型款式

> 他设计的发型将她那不时髦的高额头掩盖住，让人们将注意力放在她最漂亮的天鹅颈上。

费查牙套的名字源于其发明者——现代牙科医学之父皮埃尔·费查（Pierre Fauchard）。牙套是由贵金属制成的早期牙齿矫正器，形状像马蹄铁，用来帮助扩大牙齿的牙弓，恰好适用于这位不幸病人的口腔。沿着这个装置有一些小孔，金线穿过小孔，然后紧紧地系在牙齿上，固定好位置。由于该装置与牙齿紧密相连，假以时日，牙弓将被迫进行重塑，以适应金属框架的马蹄形状，让公主拥有一口整齐的牙齿和完美的王室微笑。经历几个月的痛苦适应过程后，牙套开始起作用。就像她屈服于鲸鱼骨衬裙一样，年轻的女大公别无选择，只能坚强忍受牙套带来的痛苦。直到法国宫廷宣布满意了，令人痛苦的牙套终于可以取下，新娘才松了一口气。

经过改造后，新娘的笑容非常适合凡尔赛宫的品位。更别提她的房间里塞满了端庄的公主礼服、帽子、鞋子与珠宝。在格拉蒙特公爵夫人的密切监督下，玛丽·安托瓦内特的外形改造大功告成。收尾工作是使她的头发平顺，妆容更加完美。不过，眼前还有一个更大的麻烦。

玛丽·安托瓦内特可远远不是肖像画中那般泰然自若、端庄优雅。她对波旁王朝严苛神秘的礼仪规则毫不在意，而这些礼仪规则对成功融入波旁王朝至关重要。她别无选择。如果想生存下去，她就必须快速学会所有王室礼仪。礼仪和阴谋是法国宫廷女性的最有价值的武器，公主需要接受认真紧迫的改造。

玛丽·安托瓦内特在成为王后人选之前，特别喜欢与朋友们共度空闲时间，或者一起演奏乐器。她不关心宫廷政治，也不关心凡尔赛宫里的激烈争斗。不过，她那童话般的童年已经结束了，是时候学习礼仪了。

在巴黎，生活的最细微之处也是由礼仪决定的。哪怕礼仪错误再小，也会造成巨大的社交尴尬。玛丽·安托瓦内特急于取悦法国宫廷、未婚夫和她那可怕的母亲，竭尽全力地学习错综复杂、让人迷惑的王室礼仪。事实证明，王室礼仪的学习过程既漫长又艰难。即使她已经是王妃，仍会时不时地犯下错误。玛丽·安托瓦内特刚加冕为王后，就毫不犹豫地反抗她憎恨的政治阴谋与礼仪规则。

王室礼仪是她新生活的一部分，但这位外向的年轻女士始终难以应付。甚至在婚后，她仍然受到诺阿依伯爵夫人（Comtesse de Noailles）安妮·德·阿尔帕容（Anne d'Arpajon）的监督，接受严格的礼仪教育。安妮是一位无可匹敌的礼仪专家，经验丰富，曾服务过玛丽亚·路易莎王后（Marie Leszczynska），因此她会是新娘的完美侍臣。玛丽·安托瓦内特鄙视她，甚至给她起了一个"礼仪夫人"的绰号，认为她是礼仪的傀儡。

牙齿矫正完毕，着装品位改造成功，王室礼仪的教导工作也在进行中，是时候收尾了。拉森纳（Larsenneur）先生是著名的发型师，一手打造了著名的蓬帕杜夫人发型。他被王室传召，任务是改造玛丽·安托瓦内特那一头不羁的草莓金发。他设计的发型将她那不时髦的高额头掩盖住，让人们将注意力放在她最漂亮的天鹅颈上。发型设计完成后，拉森纳放下梳子，揭开女大公的面纱，她就是巴黎时尚的前锋。现在，她的外表、仪态和微笑看起来都符合公主的身份——是时候

▶ 约瑟夫·克兰青格（Joseph Krantzinger）在羊皮纸上画的16岁的玛丽·安托瓦内特。1771年，即玛丽结婚一年后，克兰青格创作了这幅她身穿狩猎服的肖像画

举行一场世纪婚礼了。

1770年4月19日,玛丽·安托瓦内特和她的兄弟斐迪南抵达维也纳的奥古斯丁教堂。在这座教堂里,她通过代理人嫁给了路易。她以奥地利女大公玛丽·安托瓦内特的身份进入教堂,以法国玛丽·安托瓦内特王妃的身份离开教堂。婚礼结束两天后,玛丽·安托瓦内特和车队一行离开奥地利前往法国,从此,再也无法回归故土。14岁的她踏上法国国土,逐渐遗失了童年的追求。无论日子是好是坏,她都是法国王室的象征。

▲ 凡尔赛宫皇家礼拜堂的第五次也是最后一次扩建。从1710年起,它一直是法国宫廷举行重大仪式的场所。例如,1745年2月23日,路易十五之子路易王储与西班牙玛丽亚·特蕾莎公主在此处举办了婚礼;1770年,路易王储与玛丽·安托瓦内特在此处举办了婚礼

▲ 这幅罕见的彩色蚀刻画展示了在凡尔赛教堂举行的婚礼

▲ 这幅版画展示了玛丽·安托瓦内特一行抵达凡尔赛举办婚礼的场面

这段旅程艰辛而又漫长。5月14日，这对年轻的新婚夫妇终于第一次见面了。在孔波尼附近的一片森林空地上，玛丽·安托瓦内特跪倒在新婚丈夫和他祖父路易十五的脚下，向他们宣誓忠诚。年轻的王储温柔地扶起妻子，护送她坐上马车。新婚妻子乘坐马车抵达凡尔赛宫。

5月16日的王室婚礼令人眼花缭乱。金碧辉煌的凡尔赛皇家礼拜堂里，玛丽·安托瓦内特身穿一袭华丽的结婚礼服，光彩照人。这件礼服的制作不计成本，由银线织物制成，镶嵌着珍珠与宝石，在宫殿的枝形吊灯下熠熠生辉。

她的婚纱是令人难以置信的创造物。这件礼服在几个月前就量好了尺寸，侍女服侍王妃穿礼服时，王妃却无法穿上这件不合身的礼服，带子也系不上了。勉强将带子系上后，王妃的礼服还是从背后裂开了，暴露于聚集观礼的人群面前。

一些宾客对不可思议的着装错误暗笑不已，但这场婚礼还是取得了巨大成功。5000名群众挤在镜厅看台上，欧洲上流社会目送巡游队伍经过，见证了历史上最著名、最具象征意义的王室婚礼。

婚礼当日，盛况空前，可也出现了许多不祥预兆。首先，结婚长礼服不合身。雪上加霜的是，玛丽·安托瓦内特坐下来在婚姻登记册上签名时，一滴墨水滴到了纸上，遮住了她的部分字迹。婚礼当天，一场猛烈的暴风雨袭击了宫殿的墙壁和窗户，差点儿就不得不取消原定的公众庆祝活动。最终，庆祝活动定在几周后举行。强风和烟火引起一场大火，夺去许多条生命，这对王室婚姻来说又是一个可怕的预兆。

经过一天的宴会和聚会，这对新婚夫妇按照古老的传统被护送到婚床上。他们精疲力竭，很快进入梦乡。

玛丽·安托瓦内特 & 路易王储

1770年4月19日（代理）和5月16日

1770 年 5 月 16 日上午 10 点，玛丽·安托瓦内特走进凡尔赛宫的大门，前往王后公寓做准备。下午 1 点，她前往凡尔赛宫皇家礼拜堂，终于见到了丈夫。兰斯大主教主持婚礼仪式。之后，他们前往灯火通明的镜厅。图中的这把扇子是为了庆祝二人结婚而制作的。

1810年4月2日

拿破仑一世 & 玛丽·路易丝

尽管妻子拼尽全力,但拿破仑仍然没有合法男性继承人来继承庞大的法兰西帝国。是时候另娶妻子了。

作者:梅拉妮·克莱格

1796年3月9日,拿破仑与约瑟芬举行了一场低调的婚礼。两天之后,拿破仑将约瑟芬留在巴黎,亲自率领一支法兰西军队入侵意大利。约瑟芬是一位久经世故的贵族寡妇,她的第一任丈夫在恐怖统治时期被送上了断头台。人们原以为她的第二任丈夫地位比她低,但情况很快就发生了逆转。短短几年,她退居婚姻中的次要角色,显然甘于当一名顺从的妻子。

最初,拿破仑完全被约瑟芬迷住了,写了很多封情书,可约瑟芬发现他的热情相当令人尴尬,甚至懒得给他回信。有人出示证据,在拿破仑进军埃及之际,约瑟芬给他戴了一顶绿帽子,拿破仑对她的感情也明显冷淡下去。虽然二人最终和解,但拿破仑对她不再忠诚。约瑟芬比丈夫年长6岁,接受治疗后也未能生下孩子。二人表面上一派祥和,实际上婚姻却陷入了更深的困境。她在第一次婚姻时已经生了两个孩子,她想让第二任丈夫相信二人没有孩子是他自己的错。不过,拿破仑的一位情妇怀孕并生下儿子时,约瑟芬就理屈词穷了。但拿破仑的妹夫也曾与这位情妇相好,所以人们对私生子的出身有些怀疑。但拿破仑仍然认为这是自己有生育能力的标志,便开始秘密筹划离婚。不过,他仍然深爱着妻子,无法离开她。因此,要付诸离婚还需要很长一段时间。

▼ 乔治·鲁热（Georges Rouget）1811年的巨作《拿破仑和女大公玛丽·路易丝的婚礼》有意模仿了大卫的名画《拿破仑一世与约瑟芬皇后加冕礼》

1804年12月，拿破仑被加冕为法兰西皇帝。拿破仑打算建立和波旁王朝一样强大辉煌的新王朝，因此，他越来越渴望拥有自己的男性继承人。波旁王朝的统治在法国大革命期间被推翻。41岁的约瑟芬意识到两人的感情即将耗尽，她拼尽全力阻止这场不可避免的离婚，甚至劝说拿破仑让她的外孙拿破仑·查理（她女儿霍顿斯与拿破仑弟弟路易斯之子）成为继承人。1807年，这个男孩死于哮吼（主要由病毒感染所致，严重时引发呼吸困难），拿破仑拒绝让弟弟（后来成为拿破仑三世）做他的继承人。相反，拿破仑暗示打算与约瑟芬离婚，重新组建家庭。

令人痛苦的局面一直持续到1809年11月。终于，拿破仑告诉悲痛欲绝的约瑟芬，他想结束婚姻，她实际上有责任让位，因为自己需要一名皇位继承人。1810年1月10日，这对夫妇在一场盛大的仪式上离婚，大多数皇室成员都见证了约瑟芬的屈服。拿破仑与深爱了近14年的妻子离婚，悲不自胜，但很快便调整好情绪，火速寻找下一任皇后。身为欧洲征服者和法兰西新晋皇帝，他从一开始就下定决心成就一门最伟大的联姻。他自然也希望未来的新娘年轻、生育能力良好。他相当无礼地称未来新娘是"行走的子宫"，朝臣们对此感到大为震惊。人们很快就发现，新娘人选只有两位：俄罗斯女大公安娜·帕夫诺夫娜和奥地利的玛丽·路易丝。前者15岁，是沙皇亚历山大一世的妹妹，年轻貌美；后者是神圣罗马帝国皇帝弗朗茨二世之女，长相普通，性格腼腆，温顺听话，最重要的是，她来自以生育能力好而著称的家族。

起初，拿破仑更倾向于同俄国联姻，但沙皇亚历山大一世不愿意把妹妹嫁给法兰西皇帝，也没有及时回应联姻的提议。拿破仑急不可耐，迅速改变了主意。由于亚历山大的犹豫不决，拿破

▲ 在圣克劳德举行完结婚仪式后，拿破仑与玛丽·路易丝来到巴黎，穿过香榭丽舍大街，抵达杜乐丽宫

他正忙着筹办一场盛大的婚礼。

仑像往常一样缺乏机智，派他的继子尤金·德·波哈内斯（Eugène de Beauharnais）到巴黎的奥地利大使馆，请求与玛丽·路易丝联姻，同时要求奥地利立即做出决定，并在24小时内签订协议。不幸的奥地利大使施瓦岑贝格亲王（Prince von Schwarzenberg）拼命想争取时间，但被迫让步，接受了联姻提议。

玛丽·路易丝第一次被告知拿破仑已经和她父亲开始联姻谈判时，吓坏了。作为断头王后

▲ 拿破仑希望自己的第二次婚礼隆重盛大，所以他安排巡游队伍走过卢浮宫的大画廊，经过一万名观礼宾客

玛丽·安托瓦内特的侄孙女，她一点也不想去法兰西，这点完全可以理解。从个人角度来看，玛丽·路易丝自幼就认为，拿破仑粗鄙不堪，出身低微，是骇人听闻的欧洲掠夺者。此外，法国人被奥地利皇室视为背信弃义、残暴不仁的乌合之众。一想到要嫁给这样一个男人，又要统治法兰西，她就满心恐惧。她深爱家人，深信如果像曾祖母40年前那样去法兰西，她就几乎没有机会再回到奥地利，甚至再也无法见到家人。

▲ 宗教仪式结束后，拿破仑和玛丽·路易丝在杜乐丽宫举行了盛大宴会，然后前往拿破仑妹妹的城堡参加舞会

玛丽·路易丝从小就被教育要完全服从父亲的意愿，所以，当她被告知这门婚事一定要成功时，她丝毫没有争辩，仅仅感慨了一句："我只希望履行公主的职责。"如果她知道那令人生畏的未婚夫正忙于筹办一场盛大的婚礼，也许会对他生些好感。拿破仑甚至还监督制作了一套华丽的新娘聘礼。约瑟芬最爱的设计师罗伊（Leroy）为玛丽·路易丝制作了64件新裙子。聘礼还包括一些精美珠宝，比如钻石和祖母绿宝石首饰（由头饰、项链、耳环和梳子组成），价值超过300万法郎。同时，他为了新婚妻子，下令将约瑟芬的旧公寓重新装饰成"纯白色"。拿破仑甚至相当乐观地为未来的儿子订购了一些婴儿衣物，他确信他们一定会生下儿子。在过去10年里，拿破仑把亲戚们分封成欧洲各地区的国王，并把女孩嫁给了不同的王室家族，现在轮到拿破仑自己举行盛大的皇室婚礼了，他决心一定要把婚礼举办得体面些。

1810年3月11日，一场盛大的代理婚礼在维也纳霍夫堡皇宫旁边的奥古斯都教堂举行，奥地利的弗兰茨·卡尔大公代替拿破仑参加婚礼。两天后，玛丽·路易丝离开维也纳，大致沿着1770年玛丽·安托瓦内特前往法兰西的路线，也许永远离开了故土。每经过一个城镇，当地王室亲戚和达官贵人都盛情款待她。在奥地利与德国边境之处的布劳瑙，她会见了由拉博德伯爵贝

奥地利的玛丽·路易丝

这位腼腆笨拙的女大公经常被拿来与拿破仑久经世故的第一任妻子约瑟芬相比。

1791年12月12日，玛丽·路易丝出生于维也纳的霍夫堡皇宫。她是奥地利的弗朗茨大公（玛丽·安托瓦内特的侄子）与那不勒斯和西西里岛的玛丽亚·特蕾莎公主的第一个孩子。玛丽·路易丝出生一年后，弗朗茨接替父亲，成为神圣罗马帝国的皇帝。她在哈布斯堡王朝的维也纳宫殿里度过了童年时光。

她从小就讨厌法国人，但由于受到曾祖母玛丽·安托瓦内特的断头命运的影响，她自小就接受法语方面的全面教育，还能说一口流利的英语、意大利语、拉丁语和西班牙语。玛丽·路易丝与拿破仑的婚姻出奇地幸福，1811年3月20日，即二人首次见面整整一年之后，她为盼望已久的拿破仑生下了儿子。

1814年，拿破仑退位，玛丽·路易丝回到维也纳，并被授予帕尔马女公爵的称号。1821年拿破仑去世后，她下嫁情人亚当·冯·奈佩格伯爵（Adam von Neipperg），并为他生了3个孩子。

▲ 玛丽·路易丝非常害羞，所以尽可能远离公众的视线。在这幅罗伯特·勒菲弗（Robert Lefevre）于1814年创作的肖像画中，玛丽·路易丝看起来完全就是一位皇后

▲ 拿破仑公开称未来新娘是"行走的子宫"。新皇后生下一位身体健康的儿子时,他乐得合不拢嘴

尔蒂埃元帅(Marshal Berthier)带领的法兰西亲戚,以及丈夫的妹妹那不勒斯王后卡罗琳·缪拉(Caroline Murat)。正是这二人监督完成了传统的交接仪式。玛丽·路易丝将所有属于奥地利的东西留在身后,换上一套法兰西服饰,正式成为一名法国人。

新皇后第一次见到拿破仑的妹妹卡罗琳时,就不喜欢她。不过,卡罗琳向巴黎报告,自己非常喜欢玛丽·路易丝,虽然她样貌普通,但有"一头迷人的金发,仪态好,有教养,举止端庄;总

而言之,她非常和蔼、可亲"。皇后一行穿过德国,访问慕尼黑和斯图加特,接受符腾堡国王的款待,然后继续前往斯特拉斯堡。拿破仑收到报告,说新皇后只是"远"看漂亮,但个子比皇帝还高,但他还是迫不及待地想见到新娘。拿破仑宣称:"我不在乎她是否美貌。只要她善良,给我生下健康的儿子,我就会爱她,认为她是世界上最美丽的女孩。"

3月27日,在一个阴雨绵绵的日子里,拿破仑与玛丽·路易丝在巴黎附近的贡比涅皇宫第

法兰西皇帝拿破仑一世

拿破仑出生在一个贫困家庭。他的家庭背景和第二任妻子的相差太多。

1769年8月5日,拿破仑出生在科西嘉岛的阿雅克肖城,科西嘉岛位于意大利海岸附近。拿破仑的家族是意大利的没落贵族,这与第二任妻子玛丽·路易丝的家庭背景形成鲜明对比,玛丽·路易丝的父亲还是一位皇帝。由于母亲宽宏豁达,拿破仑9岁时被送到法国上学,后来,他获得了一所军事学院的奖学金。在那里,他因为科西嘉口音、蹩脚的法语,而且身材矮小,经常受到同学欺负。

1784年,拿破仑被选送至法国巴黎军事学校,成为一名军官。1789年的法国大革命,为拿破仑这样既有抱负又聪明的年轻人提供了施展抱负的机会,他在法国军队中迅速晋升,同时通过参政来提升个人影响力并扩大权力。1815年,他在滑铁卢战败,被英国流放到南大西洋的圣赫勒拿岛(世界上最偏远的孤岛),结束了他那波澜壮阔的人生。6年后,即1821年5月,拿破仑在圣赫勒拿岛上去世。

▲ 拿破仑总是介意自己身材矮小,背景平凡。为了弥补这一点,拿破仑的肖像画总是尽可能画得高贵些

拿破仑迫不及待地想见到新娘。

一次见面。新皇后对拿破仑说:"你本人比你的肖像画好看多了。"新皇后立马赢得了丈夫的欢心。当晚,这对夫妇本应主持一场盛大的皇宫聚会。但是,总是没耐心的拿破仑让玛丽·路易丝进入她的房间,跟着她进门,以便尽快完婚。第二天早上,他走出房间,心情非常舒畅,玛丽·路易丝显然对他的热情行为欣然接受。

自法国大革命以来,法兰西法律就规定举行公证婚礼。4月1日,婚礼在美丽古老的圣克劳德宫举行,整个法兰西皇室家族都参加了,包括约瑟芬的孩子欧仁和霍顿斯。约瑟芬本人未受到邀请。实际上,约瑟芬被禁止出现在玛丽·路易丝面前,但她机智地说,她很高兴拿破仑娶到一位奥地利女大公,这让她觉得她的自我牺牲是值得的。

第二天,这对新婚夫妇率领庞大的马车队伍,离开圣克劳德大教堂,正式进入巴黎,经过尚未完工的凯旋门,沿着香榭丽舍大道前往杜乐丽宫,在那里举行宗教仪式。婚礼在毗邻卢浮宫的卡雷沙龙大画廊举行,建筑师珀西埃(Percier)和富丹(Fomtaine)将原先画廊内展出的画作剥离,改造成一座宏伟的临时礼拜堂。

新婚夫妇及其随行人员穿过大画廊,此时大画廊里大约有1万名宾客。婚礼仪式由拿破仑的叔叔红衣主教费什主持。玛丽·路易丝穿着拿破仑为她定制的金色刺绣婚纱,佩戴那令人惊艳的新钻石和祖母绿首饰,看起来容光焕发。新郎身穿镶有象征波拿巴家族的金色蜜蜂图案的白色缎子、红色天鹅绒夹克和披肩,头戴一顶饰有白色鸵鸟羽毛和巨大钻石的黑色天鹅绒大礼帽(原属于路易十六)。

▲ 玛丽·路易丝有几个弟弟妹妹，他们关系非常亲近。这幅感人的画作描绘了她在离开维也纳前往法国前与家人最后道别的情形

巴黎街头上，一群不太受欢迎的人陶醉于拿破仑免费供应的大量葡萄酒与美食。新婚夫妇及其随行人员在杜乐丽宫的国宴上享受美食，然后乘马车前往位于巴黎郊外的纳伊城堡。这座城堡属于拿破仑妹妹波利娜·博盖塞公主。

城堡里举办了一场盛大的庆祝活动，上演了特别创作的轻歌剧。城堡里设计摆放了玛丽·路易丝童年故居的微缩复制品。维也纳美泉宫（Schönbrunn Palace）豪华气派，礼花在空中绽放，生动的雕像形态迥异，极富艺术气息。花园里闪烁着成千上万盏仙女灯，疑是神奇梦幻的人间仙境。不过，奥地利大使在几个月后举行的庆祝舞会就没这么成功了，一场可怕的大火烧死了几位宾客，庆祝舞会不得不提前结束。不幸中的万幸，大火发生后不久，拿破仑和已经怀孕的玛丽·路易丝成功逃生。

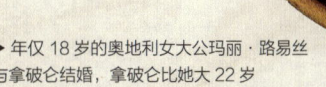

▶ 年仅18岁的奥地利女大公玛丽·路易丝与拿破仑结婚，拿破仑比她大22岁

夏洛特公主 & 比利时国王利奥波德一世

1816年5月2日

乔治四世之女夏洛特公主的婚礼受到了公众和宾客的热烈欢迎。人们聚集在王宫周围,庆祝了一整天。晚上9点,婚礼仪式在卡尔顿酒店的深红色客厅开始举行。在坎特伯雷大主教和伦敦主教的主持下,婚礼持续了大约25分钟。

1840年2月10日
维多利亚女王 & 阿尔伯特亲王

刚愎自用的年轻女王与自律谨慎的表弟经相亲介绍走到一起，但为了爱情而结婚。

作者：琼·伍勒顿

　　维多利亚与阿尔伯特的罗曼史是历史上最著名的传奇之一，但他们差点儿就做不成夫妻。这对夫妇自小就知道，两大家族都希望他们二人能成婚。"我愿意"的那一天越来越近了，维多利亚与阿尔伯特都产生了恐婚心理，各自幻想没有对方的未来。但维多利亚女王和阿尔伯特亲王在一次短暂见面后，一见倾心，陷入热恋，家族联姻的意愿也有望实现了。

　　维多利亚出生于1819年5月24日，是肯特公爵爱德华王子与他雄心勃勃的妻子维多利亚公主的独生女，前者是乔治三世的第四个儿子。小维多利亚不满1岁时，就失去了父亲和祖父。

1817年，威尔士的夏洛特公主（第二顺位继承人）也死于难产，维多利亚的叔父乔治四世失去唯一的合法继承人。因此，小维多利亚总有一天要继承王位。

　　小维多利亚和母亲住在相当破旧的肯辛顿宫，乔治四世拒绝给她们零用钱。母女二人依靠舅舅利奥波德一世（Leopold）的慷慨，赖以生存。利奥波德是出于个人原因抚养了年幼的外甥女。利奥波德是第二顺位继承人夏洛特公主的鳏夫，在短暂的婚姻中，他已经筹划好自己未来的亲王角色。妻子难产去世，外甥女成为顺位继承人，他对谁将成为亲王有非常坚定的想法。1819年

▲ 结婚当日的维多利亚与阿尔伯特,两位年轻人深爱着彼此

8月26日，利奥波德的哥哥欧内斯特（Ernest，后来的萨克森-科堡-哥达公爵）迎来了第二个儿子阿尔伯特。利奥波德在母亲奥古斯塔的支持下，开始谈论维多利亚和阿尔伯特的完美联姻。

不过，利奥波德并不是唯一一个筹划合法继承人婚姻的人。早在1828年，就有一份报纸报道，维多利亚将与另一位表兄、坎伯兰郡的乔治王子结婚。早年，小维多利亚就曾与奥尔良公爵及一位奥兰治王子议婚。1830年，威廉四世继承了哥哥乔治四世的王位。新国王想让他的侄女嫁入荷兰王室，这让利奥波德非常愤怒。利奥波德于1831年接受了比利时王位，成为一位君主。

▲ 维多利亚夫妇的婚礼举办地——伦敦圣詹姆斯宫。这幅画创作于1819年，也是夫妇二人的出生年份

▲ 维多利亚本想低调行事，但被说服举行一场奢华的婚礼。12位伴娘是根据她们的社会地位挑选出来的

威廉带着联姻候选人去见维多利亚时,利奥波德写信给他的侄女,称这一举动"蹊跷而又古怪"。

1836年,利奥波德安排哥哥欧内斯特和侄子阿尔伯特前往英格兰。年幼的维多利亚是由母亲在肯辛顿宫严格隔离的环境中抚养大的,非常渴望有同龄的人作伴。她喜欢跳舞,所以对她来说,参加年轻王子们举办的舞会和宴会都是极好的消遣。然而,阿尔伯特就没有那么热情了。他不喜欢英格兰的长途旅行,无休止的娱乐使他筋疲力尽。

维多利亚和阿尔伯特都很清楚这不仅仅是夏季假日。利奥波德希望通过这段旅程,表姐弟二人能走入婚姻的殿堂。维多利亚欣然接受,写信给舅舅说,表弟"非常英俊",补充说,"我必须感谢你……将亲爱的阿尔伯特带至我身边,他为我带来巨大的幸福……他拥有一切可以使我非常快乐的理想品质。"可是,阿尔伯特王子没有她那么热情洋溢,他唯一的评价是"她非常随和"。

第二年,威廉四世去世;维多利亚成为女王。阿尔伯特小心谨慎,给表姐写了一封简短的祝贺信,但两人之间的联系减少了。阿尔伯特开始担心年轻的女王"非常固执",而且容易"固执到极端"。维多利亚的母亲控制欲超强,所以维多利亚很享受女王身份给她带来的自由。利奥波德一世以平等的身份写信给她,问她如何将阿尔伯特教育成她理想的未来配偶。然而,维多利亚开始对这桩婚事心怀抗拒。其他德国表兄弟和俄国大公亚历山大来拜访维多利亚,她兴奋得头晕目眩。墨尔本勋爵是维多利亚的宠臣,也是英国首相,他反对女王与阿尔伯特联姻。到1839年初,维多利亚下定决心,至少等两三年以后,再谈婚约。

利奥波德没有退缩,于是再次安排阿尔伯特前往英格兰。出发前,维多利亚写信告诉舅舅,她只把王子当作"朋友、表弟和弟弟",但不确

女王的结婚蛋糕

为庆祝王室婚礼,厨师烘焙出巨大的婚礼蛋糕,与新娘婚纱一样引人注目。

1840年,新娘和新郎举行王室婚礼。他们的婚礼蛋糕非常壮观,需要4个人来搬运,全国人民都为之痴迷。

巨大的圆形蛋糕周长约3米,三四寸深,重量超过140千克。蛋糕也展示了维多利亚与阿尔伯特给君主政体带来的现代气息。这对夫妇采用传统的水果蛋糕,但选择了具有象征意义的醒目装饰。

蛋糕上饰有维多利亚与阿尔伯特的罗马服饰造型,中间有一个象征大不列颠的人物形象。一只象征忠诚的狗坐在新郎脚边,而象征幸福婚姻的鸽子依偎在新娘身边。蛋糕上装饰着象征英国的丘比特,挂上了橙色花朵和桃金娘(象征爱情与婚姻)。

结婚蛋糕极受欢迎。这款蛋糕由白金汉宫的厨师们制作,报纸上详细报道了这款蛋糕的每一个细节。蛋糕体积庞大,但无法满足所有宾客的需求。因此,维多利亚和阿尔伯特下令又做了很多蛋糕,便于切成许多小块。

▲ 据报道,维多利亚的结婚蛋糕意为"所有丰富的东西中最精致的化合物",而其装饰也引起了一番轰动

定是不是自己的理想伴侣。为了表明自己的立场，维多利亚告诉舅舅，自己从未答应过要嫁给阿尔伯特。十几年来，表弟阿尔伯特一直都在为成为女王的伴侣做准备，他给女王下了最后通牒。如果维多利亚在他访问期间没有做好抉择，他将退出比赛，放弃成为女王丈夫的机会。他其实没有必要担心，几周之内，他就和英格兰女王订婚了。

显然，维多利亚对表弟缺乏优雅风度。阿尔伯特耽搁时，她又闷闷不乐地写信给利奥波德。1839年10月10日晚，阿尔伯特骑马来到温莎城堡，她做好了迎接准备。见面的一刹那，他们就彼此俘获了对方的真心。阿尔伯特因晕船而脸色苍白，行李又未及时送达，没有干净的衣服可换，但维多利亚丝毫不在意。再次见到他的那一刻，维多利亚坠入了爱河，后来写信给舅舅说，他"长相帅气""英俊逼人"。阿尔伯特说她"长相迷人"，性格"平易近人，毫不矫揉造作"。

每天，维多利亚和阿尔伯特共度几个小时，一起骑马，一起散步，一起聊天，了解彼此的兴趣爱好。阿尔伯特不停地同表姐跳舞，为表姐弹钢琴。维多利亚会坐下来，静心聆听表弟对艺术的看法。几天后，维多利亚告诉墨尔本勋爵，自己已经下定决心要嫁给阿尔伯特，但不知道要等多久。墨尔本勋爵建议她尽快订婚。身为女王，维多利亚应当向阿尔伯特提出结婚，这一点让维多利亚产生了新的焦虑。

1839年10月15日，维多利亚女王要求表弟出现在她的蓝色壁橱里。阿尔伯特紧张兮兮地到达，发现维多利亚正焦虑不安，浑身颤抖，两人聊了一会儿天。正如维多利亚在日记中所写的，她告诉他："如果你答应我的要求，那我就太高兴了。"阿尔伯特立刻同意了，并指出"那是我一生中最愉悦、最欢快的时刻"。之后两人订婚。因阿尔伯特的到访，这对恋人有更多时间可以陪伴彼此。维多利亚在日记里写道，"我们一遍又一遍地相互亲吻"。

很快，王室婚礼的正式仪式开始了。1839年11月，阿尔伯特返回故土，订婚消息就成了当地的热门话题。1839年11月23日，在枢密院会议上，维多利亚胆战心惊，双手发抖，手里的纸差点儿就掉到地上，但她用自信清晰的声音宣布了结婚决定。

奈何节外生枝，并非所有人都支持女王的决定。一些批评者称阿尔伯特是为了钱而结婚，另一些人则认为女王需要找一位更年长、更睿智的丈夫。她之前的一些决定已经遭到抨击，因此公众舆论对女王很重要。为了防止有异议，维多利亚本人反对授予阿尔伯特贵族爵位。

关于阿尔伯特的待遇是否应该优先于维多利亚的叔叔们以及他的新家庭，也有一场激烈的争论。最终，议会决定每年向王子颁发3万英镑的津贴，远远低于预期的5万英镑。阿尔伯特平静地接受了这一决定。但他也表达了对自己新角色的担忧，他写道，他的未来"并不总是一帆风顺"。

1840年2月8日，阿尔伯特在婚礼前到达白金汉宫，满面春风。这对年轻夫妇全身心投入到婚礼的最后准备工作中。他们甚至在婚礼前夕试戴了婚戒。

1840年2月10日，王室婚礼在圣詹姆斯宫皇家礼拜堂举行。

维多利亚决定在婚礼当天早上去见她的新郎。结婚前的最后一次见面时，她递给他一张甜蜜的纸条，署名为"永远忠诚的维多利亚R"。阿尔伯特首先到达圣詹姆斯宫参加下午1点的仪式。他穿着英国陆军元帅的制服，佩戴勋章和绶带。不久，新娘在母亲肯特公爵夫人和女侍长萨瑟兰公爵夫人的陪伴下离开白金汉宫。

▲ 维多利亚刚登基为女王，就面临结婚的压力，但她并不想结婚

维多利亚女王在圣詹姆斯宫王座厅为婚礼做最后的准备。12名伴娘（全都是贵族的长女）为她整理婚纱与拖尾。玛丽·霍华德夫人（Mary Howard）和弗朗西斯·考珀夫人（Frances Cowper）等女侍们穿着和新娘一样的白色裙子。新郎先进入礼拜堂，此时响起了非常应景的旋律，即德裔英国作曲家亨德尔的作品《看，征服的英雄来了》。维多利亚女王一行人以及手持国家之剑的墨尔本勋爵在侍从们的簇拥下出发，抵达礼拜堂。维多利亚的叔叔苏塞克斯公爵站在她身旁，准备把她交给新郎。

300多名宾客见证了维多利亚与阿尔伯特交换誓词，年轻的女王许诺服从丈夫。许多王室成员也参加了这次婚礼，包括比利时国王利奥波德

维多利亚女王的婚纱开启了一股经久不衰的潮流

维多利亚在婚纱选择上考虑周全，小到蕾丝和手捧花都颇费心思。

霍尼顿蕾丝花边和斯皮塔佛德丝绸

维多利亚女王希望她的婚纱能推动衰退的家庭手工业发展，故选择了斯皮塔佛德丝绸和德文郡的蕾丝。霍尼顿蕾丝花边是按照特殊设计制作的，后来失传，无人可以复制这种花边。维多利亚的婚纱在上身有一长条的花边，在半袖末端有更小的装饰物。这些花边养活了当地数十名妇女。

新娘穿白色婚纱

维多利亚选择乳白色的婚纱，由此引发一场风暴，因为在当时那个年代，金银五彩的婚纱更受欢迎。年轻的女王是狂热的时尚追随者。她选择这款婚纱是为了展示霍尼顿蕾丝，这种蕾丝是她新娘装扮的重头戏。很快，白色婚纱在中上层阶级女士中脱颖而出，她们模仿女王来显示自己的威望。白色和奶油色婚纱一直流行至今。

设计大胆

与以前的王室新娘礼服相比，维多利亚的婚纱造型更简单，设计更大胆。尽管天气寒冷，女王还是选择了露肩低胸装。维多利亚为了显示身材，在婚纱上身设计了一条尖头腰。蕾丝图样由皇家设计学院的院长威廉·戴斯（William Dyce）亲自设计。婚纱由玛丽·贝坦斯（Mary Bettans）设计。

王室定制婚鞋

维多利亚为婚礼选择了平底鞋，由冈德里（Gundry）和他的儿子们制作，他们一家在苏荷区的著名商店专门为王室成员提供鞋子。这双鞋由白色缎面制成，方形鞋头，脚背设计有横条纹的缎带。婚鞋用长丝带绑在维多利亚的脚踝上。

新娘最爱的头纱

维多利亚用德文郡的蕾丝做头纱，用鲜花系在头发上。头纱采用了与婚纱蕾丝边相同的特殊设计。霍尼顿和比尔的当地妇女耗时6周，才完成头纱的制作。头纱制作为当地提供了许多工作机会。头纱成为维多利亚最珍贵的财产之一。她下令在她去世后在脸上盖上这件头纱。

适合女王佩戴的珠宝

结婚前夕，阿尔伯特赠与新娘一枚黄金胸针。胸针主石是一颗非常硕大的椭圆形蓝宝石，蓝宝石周围镶嵌着12颗圆形钻石。维多利亚将胸针点缀在婚纱上，并称蓝宝石"非常漂亮"。这枚胸针是维多利亚女王心爱的饰品。她的结婚珠宝还包括一条钻石项链和一对耳环，这些是她成为女王后不久，土耳其苏丹赠送她的。

新娘花环

婚礼当日，维多利亚没有戴王冠，而是戴了一顶橘红色花环，将头纱固定好。同时，花环点缀了婚纱与拖尾，象征着真爱永恒，也是婚姻和生育的古老象征。桃金娘是爱情和婚姻的另一种传统象征，也出现在新娘花环中。

麻烦的拖尾

维多利亚的婚纱拖尾长约5.5米，由12位伴娘提起。但它太短了，无法让所有人都能够轻松地握住它并且行走舒适。伴娘们挤在一起，不得不踮着脚尖走下过道才能站直。

▲ 著名的《维多利亚与阿尔伯特的婚礼》由乔治·海特（George Hayter）创作。这幅画描绘了婚礼中的浪漫场景

一世以及阿德莱德王后（阿德莱德王后是国王威廉四世的遗孀）。维多利亚形容婚礼"非常壮观，精致而又简单"，在收到结婚戒指的一刹那，她的心再次被俘获了。二人正式缔结为夫妻，带领巡游队伍回到圣詹姆斯宫，然后穿过欢呼的人群，前往白金汉宫举行喜宴。

新婚夫妇计划去温莎城堡度蜜月，所以喜宴只是一场短暂的庆祝活动，下午4点就结束了。维多利亚再次淹没在前来观看新婚夫妇的人群中。从伦敦到伯克郡，观礼的人络绎不绝，欢呼声、车声响成一片。婚后第二天，维多利亚在日记中写道，"我们没有睡多少觉"，亲昵称呼丈夫是"我的宝贝天使"，再次对他大加赞赏。

维多利亚深爱着阿尔伯特，但在二人形影相随、如胶似漆的时刻，她也从未忘记自己是一位女王。阿尔伯特想要离开英格兰度假6周，但维多利亚坚持在温莎城堡待3天就足够了，她必须返回伦敦履行君主的职责。蜜月结束后，他们建立起新的王室统治结构，阿尔伯特的影响力逐渐提升。这对年轻的表姐弟成为19世纪的模范夫妻。

维多利亚和阿尔伯特婚姻的成功秘诀在于他们始终忠诚于彼此。他们的幸福婚姻持续20多年，一共生育过9个孩子。为了感激牵线的舅舅，他们将其中一个儿子取名为利奥波德。这场19世纪20年代精心策划的王室联姻，最终造就了史上最著名的王室爱情故事之一。

康诺公爵亚瑟亲王 & 普鲁士的路易丝公主

1879年3月13日

亚瑟王子是维多利亚女王最宠爱的儿子。女王对亚瑟王子选择的新娘并不满意,但亚瑟王子毫不退缩。他与路易丝公主在温莎城堡的圣乔治教堂里结了婚。路易丝按照传统被护送上圣坛。她的丈夫、两个哥哥和维多利亚女王站在父亲(普鲁士弗雷德里克·查尔斯,Frederick Charles)身旁等待着。

沙皇尼古拉二世 & 阿历克斯公主

1894年11月26日

尼古拉与阿历克斯一见钟情,不顾家族反对,终于结婚了。

作者:杰茜卡·莱格特

1884年,尼古拉的叔叔谢尔盖·亚历山大罗维奇大公(Sergei Alexandrovich)与阿历克斯的姐姐伊丽莎白公主结婚。在婚礼上,俄国皇储尼古拉(Nicholas)首次邂逅了莱茵河沿岸的黑森大公国公主阿历克斯(Alix)。两人是第一代表兄妹,彼时,尼古拉16岁,阿历克斯年方12岁。他们的见面时间非常短,皇储立即被小公主迷倒了。5年后,阿历克斯去圣彼得堡拜访姐姐,他们再次相遇了。很快,这对年轻人深深地坠入了爱河。

阿历克斯在俄国逗留了一个半月。1890年1月,冬宫举办了一场盛大的舞会,阿历克斯身穿一件镶有白色钻石、鲜花和饰带的裙子,与英俊的追求者尼古拉共舞。公主与皇储互相爱慕,通过书信往来保持联系。尼古拉在日记中承认,自从阿历克斯访问俄国以来,他对她的爱"更深厚,更强烈了"。

可是,尼古拉不是阿历克斯的唯一爱慕者。同年,二人共同的表兄阿尔伯特·维克多王子(Albert Victor,克拉伦斯公爵和埃文代尔公爵)向阿历克斯求婚。阿尔伯特·维克多是维多利亚女王的长孙,也是英国王位的第二顺位继承人,所以阿历克斯的外祖母维多利亚女王大力支持这桩婚事,如果外孙女嫁给孙子,那么阿历克斯未来可能会成为英国王后,这让维多利亚喜闻乐见。

不幸的是,维多利亚的希望破灭了。阿历克

▲ 尼古拉与亚历山德拉的婚礼。此画由劳瑞斯·塔克森（Laurits Tuxen）创作

斯已经把心交给尼古拉,所以拒绝了公爵的求婚。由于遭到尼古拉的父亲沙皇亚历山大三世与皇后玛丽亚·费奥多罗夫娜(Maria Feodorovna)的反对,皇储与公主在一起的道路障碍尚未扫清。

阿历克斯是亚历山大与玛丽亚的教女,他们也很喜欢她。可是,亚历山大与玛丽亚都是坚定的反德派,不同意联姻,特别是黑森大公国对德国无足轻重。因此,阿历克斯对俄国几乎没有任何好处,她不是俄国皇位继承人新娘的合适人选。

亚历山大为了劝阻尼古拉迎娶阿历克斯,尝试安排他与奥尔良的海伦公主的婚事。但尼古拉拒绝考虑这门婚事。如果海伦要嫁给尼古拉,她必须从天主教改信东正教,所以她也拒绝了这门婚事。

普鲁士的玛格丽特公主是另一位新娘人选。她是维多利亚女王的外孙女,但也存在宗教问题。玛格丽特像海伦公主一样,拒绝了皈依东正教,希望保持新教徒的身份。尼古拉曾与来自波兰的玛蒂尔德·克塞斯卡(Mathilde Kschessinska)有过3年恋情,她是一位美丽的芭蕾舞演员。

无论如何,尼古拉仍下定决心要和阿历克斯结婚。他父母同样一意孤行,断然拒绝阿历克斯成为儿媳妇。直到某一天,沙皇亚历山大的健康状况开始恶化。亚历山大直面死亡,意识到儿子应尽快结婚,只好颇不情愿地接受了尼古拉自己选择的新娘。皇储在父亲的允许下,希望尽快向心上人求婚。

1894年4月,阿历克斯的兄弟黑森大公欧内斯特·路易斯(Ernest Louis)迎娶萨克森-科堡-哥达的维多利亚·梅丽塔公主(Victoria Melita),后者是沙皇亚历山大的外甥女,也是尼古拉的表妹。婚礼在德国科堡举行,约有100名欧洲王室成员参加,包括尼古拉与阿历克斯。经过长期不懈的斗争,皇储的机会终于到来。

尼古拉没有浪费时间,在到达科堡的第二天,他就向阿历克斯求婚了。皇储爱上她长达10年,知道她也爱着自己,原以为公主会立马答应,但皇储错了。事实证明,阿历克斯也需要面临宗教问题。阿历克斯是一位虔诚的路德教教徒,并不想放弃自己的信仰而改信东正教。

阿历克斯含泪拒绝了尼古拉的求婚,并恳求他放过自己。这并不是大家所期望的结果,因为他们的亲属已经准备好要宣布订婚的消息了。一听说阿历克斯拒绝了尼古拉,他们惊诧万分。德皇威廉二世主动出面调解,希望能够促成这段锦绣良缘。威廉召见阿历克斯,告诉她为了欧洲的

相恋10年后,尼古拉向阿历克斯求婚。

▲ 照片拍摄于1892年,皇储尼古拉一下子就被阿历克斯公主迷住了

和平与安全,她有责任嫁给尼古拉。威廉提醒她,她的姐姐俄国大公爵夫人伊丽莎白在10年前结婚时就已经改变了宗教信仰。实际上,姐姐伊丽莎白对东正教更为熟悉,她决定亲自出面,和阿历克斯谈一谈。她向妹妹保证皈依东正教并不难,因为这两种宗教有许多共通之处。

德皇威廉找到尼古拉,鼓励他再次向阿历克斯求婚。威廉建议他应该表现得有男子气概,向公主赠送鲜花,以示爱意。德皇希望借此桩婚姻进一步促成德国霸权,他的努力最终奏效了。尼古拉第二次向阿历克斯求婚时,她欣然同意了。

在科堡的其余时间里,这对恋人形影不离。二人将喜讯告诉了所有亲戚。尼古拉的父母决定接受二人的订婚,甚至为阿历克斯准备了一份礼物,即一串由俄国著名珠宝商费伯奇(Fabergé)在圣彼得堡制作的珍珠项链。沙皇亲自挑选了每一颗珍珠。这件珍珠项链首饰是费伯奇卖过的最贵珠宝,价值25万卢布,约合2300万英镑。

尼古拉本人也不惜代价,送给未婚妻一枚粉色珍珠订婚戒指,她将这枚戒指戴在右手上(符合东正教的教义),度过了余生。接下来的几个月里,皇储还送给阿历克斯一枚西伯利亚海蓝宝石和钻石胸针,以及一条费伯奇珍珠和钻石项链。许多亲戚乐见其成,尤其是伊丽莎白和谢尔盖,他们从一开始就支持这对夫妇。不过,维多利亚女王对订婚消息感到异常沮丧。据报道,阿历克斯是她最爱的外孙女,得知她要嫁给俄国人,维多利亚唉声叹气,心如刀割。

维多利亚主要担心的是阿历克斯在俄国的安全问题。维多利亚不喜欢这个国家,她过去曾经历过两国的政治问题,尤其是在克里米亚战争期间。1881年,尼古拉的祖父亚历山大二世被俄国革命党暗杀;1894年,法国总统玛利·弗朗索瓦·萨迪·卡诺(Marie François Sadi

▲ 尼古拉与阿历克斯正式订婚

▲ 沙皇亚历山大三世英年早逝，这对年轻夫妇突然成为人们关注的焦点

▲ 仪式结束后，这对夫妇回到了阿尼奇科夫宫

Carnot）遇刺身亡。这两起暗杀事件让维多利亚女王意识到政治不稳定的危险，她担心外孙女有一天会面临危险。

为了尽量推迟婚礼，维多利亚邀请阿历克斯去英格兰，腾出时间来考虑清楚订婚一事。阿历克斯前往哈罗盖特接受坐骨神经痛治疗，并在那里开始学习俄语。公主做笔记时写道："非常有趣，但肯定不容易。"很快，尼古拉和父亲的牧师一同来到哈罗盖特。牧师奉命向阿历克斯教授东正教方面的知识。

在英格兰逗留期间，未来的国王爱德华八世出生，所以这对夫妇留下参加他的洗礼仪式。尼古拉在英国逗留一月之久才返回家乡。维多利亚感叹道："一想到小甜心阿历克斯的婚姻，我就不开心。"这真是一个不祥之兆，因为这对夫妇虽然很幸福，但不久后就面临着悲剧。

沙皇亚历山大的体重迅速下降，经常昏厥，健康状况急转直下。尼古拉意识到父亲的情况极其糟糕，经允许后，将阿历克斯召至宫廷。阿历克斯在伊丽莎白的陪同下前往俄国。阿历克斯刚抵达，亚历山大就坚持要穿正式的宫廷礼服迎接她，正式给予她祝福。

1894年11月1日，亚历山大三世去世。当晚，尼古拉即位，成为俄国的新沙皇。第二日，阿历克斯取东正教的名字为亚历山德拉·费奥多罗夫娜（Alexandra Feodorovna），但没有被要求放弃以前的宗教信仰。公主希望采用凯瑟琳这个名字，但她按照尼古拉的意愿更名为亚历山德拉（Alexandra）。

外祖母的直觉

尽管维多利亚女王很喜爱外孙女，但她担心阿历克斯不适合做皇后。

1894年，维多利亚女王统治英国将近60年了。准确来说，她清楚如何成为一名成功的统治者，她对阿历克斯是否适合做俄国皇后产生疑虑。

阿历克斯一向是个孤僻的小女孩，一有机会就躲避各种社交活动。她的大半生都遭受着各种各样的疾病折磨，尤其她的腿部特别容易疼痛。

除此之外，阿历克斯缺乏驾驭皇后角色的政治经验，雪上加霜的是，尼古拉的父亲未能让儿子做好即位准备。维多利亚女王希冀阿历克斯继续保持路德教教徒的身份，希望此举能阻止她订婚，但一切都徒劳无功。

阿历克斯答应嫁给尼古拉时，维多利亚别无选择，只能平心静气地接受。女王在给阿历克斯的姐姐维多利亚公主的一封信中说："一想到她这么年轻，很可能会坐在非常不稳定的皇后位子上时，我的血液都凝固了。"1901年，维多利亚女王去世，16年后，她的预感成真。

▲1896年，维多利亚女王在巴尔莫勒尔与威尔士亲王、尼古拉、亚历山德拉和他们的长子奥尔加合影

沙皇去世后，整个宫廷上下哀悼一片。亚历山大的葬礼于11月19日举行。尼古拉和阿历克斯的婚礼原定于次年春天举行，但新沙皇即位后，他已不愿再多等待了。

为了尽快结婚，尼古拉提议在父亲葬礼举行前，在利瓦迪亚宫迎娶阿历克斯。尼古拉的母亲同意了，但尼古拉的叔叔们介入，认为沙皇的婚礼应该在圣彼得堡举行，至少要有一些声势，才符合人民的期望。

皇室婚礼通常是一件奢侈大事，但皇宫礼仪规定在哀悼期不可穷奢极侈。尼古拉拒绝等待皇室的哀悼期结束，决定在11月26日举行婚礼。

二人结婚后，尼古拉写道：我感受到无穷无尽的快乐。

那一天也是他的母亲玛丽亚太后的生日，当时的规定不是那么严格。

婚礼在圣彼得堡冬宫的大教堂举行。尼古拉身穿轻骑兵制服，在弟弟迈克尔大公的陪同下，于上午11点半从阿尼奇科夫宫乘敞篷马车前往宫殿。与此同时，太后前往瑟吉夫斯基宫（Sergeivsky Palace）接亚历山德拉参加婚礼。

成千上万的人站在街道两旁，希望一睹这对皇室夫妇的风采。按照传统，新娘要在冬宫孔雀石房里穿礼服。亚历山德拉在玛丽亚的帮助下为婚礼做准备。

她穿着一袭镶嵌貂皮边的华丽婚纱，外面罩了一件带扣的皇室金色斗篷，脚穿花边长袜与绣花婚鞋。为了向母族致敬，亚历山德拉戴上了霍尼顿蕾丝头纱。头纱由阿尔伯特亲王挑选，她母亲和姐妹们都曾在各自的婚礼上佩戴过。

皇室新娘只有佩戴了珠宝首饰，才算是完美新娘。亚历山德拉佩戴一串与皇家搭扣相配的475克拉项链与耳环（据称属于凯瑟琳大帝）及一套珍珠首饰，还戴着传统的罗曼诺夫婚礼皇冠，搭配饰有橙色花朵的科什尼克头饰。

皇太后和亚历山德拉率领着队伍，沙皇紧跟其后。出席婚礼仪式的王室贵宾包括丹麦国王克里斯蒂安九世（Christian IX）、希腊国王乔治一世和王后奥尔加（Olga），以及代表维多利亚女王出席仪式的威尔士王子和王妃及其儿子约克公爵乔治。遗憾的是，女王本人未能出席。不过，女王送给亚历山德拉一大堆礼物，并任命尼古拉为苏格兰皇家灰骑兵团的名誉团长。

婚纱
亚历山德拉的服装肯定不是为皇后准备的。

不到一个月，婚礼匆匆忙忙安排好。筹备时间虽短，但尼古拉和亚历山德拉的婚礼非常引人注目，婚纱也惊艳了所有观礼宾客。据说，亚历山德拉的婚纱既厚重又精致，她花了一个小时才穿好，在婚礼仪式上甚至需要人帮忙，才能完成下跪与站立的动作。

自俄国大革命爆发，许多皇室纪念品不幸丢失或惨遭毁坏，其中就有亚历山德拉的华丽婚纱。但人们对这条婚纱的描述性记载得以流传，所以我们才能得知，她的婚纱是由刺绣的银质布料制成，边缘镶有毛皮，领口低，双肩与拖尾露出。

亚历山德拉的紧身胸衣镶有钻石。她胸前佩戴着圣安德烈勋章的星星与饰带，还系着圣凯瑟琳勋章的红丝带。这件婚纱还加入了许多钻石胸针，作为点睛之笔。

亚历山德拉的姐姐伊丽莎白给维多利亚女王写了一封信，信中就有对这件婚纱的描述。维多利亚女王对自己无法亲自参加婚礼感到遗憾。除了这封信，伊丽莎白还附上了她自己画的亚历山德拉身穿婚纱的草图，便于外祖母感受。亚历山德拉本人则承诺，会送一件复制婚纱给维多利亚女王作为结婚纪念，连同一些桃金娘和香橙花。

▲ 身穿婚纱的亚历山德拉皇后

婚礼主持人是大主教易昂·杨谢夫（Ioann Yanyshev）。大主教将结婚戒指递给这对夫妇，二人交换了三次戒指，然后交换誓言。新人的头上都戴有婚冠。最后，尼古拉与亚历山德拉做了最后祷告，二人被正式宣布结为夫妻。

婚礼的欢乐气氛被控制在最低限度，新皇后觉得大婚之日只是葬礼安排的一部分。更糟糕的是，这对新婚夫妇既不能举行婚宴，也不能去度蜜月。二人只能返回阿尼奇科夫宫接收电报。许多俄国人认为，这场婚礼在亚历山大三世尸骨未寒之际就举办，本身就是不祥之兆。

婚后，尼古拉在日记中写道："我感受到无穷无尽的快乐。"阿历克斯发现了沙皇的记述，决定添加一些文字，写下"我从未相信世界上会有如此绝对的幸福。我爱你！"。沙皇和皇后的爱情忠贞不渝，两人相守一生，直至1918年，尼古拉二世一家被布尔什维克行刑队枪杀。

▲1894年，欧洲王室成员聚集在科堡

塞尔维亚的亚历山大一世 & 德拉加·马辛

1900年8月5日

这远非一场世纪婚礼。公众对这桩婚事感到愤慨不已。德拉加曾是亚历山大的情妇,出身平民,没有嫁妆,但国王拒绝迎娶其他王后。8月,婚礼仪式举行,亚历山大禁止自己的父母参加婚礼。他母亲写了许多封诋毁德拉加的信件和明信片,国王威胁母亲要以叛国罪审判她,警察也奉命阻止国王父亲进入大楼。

死者中有贵族、军人和祝福者，他们都是前来参加马德里几十年来规模最大的王室婚礼的。

1906年5月31日

西班牙国王阿方索十三世 & 维多利亚·尤金妮亚公主

血洗的王室婚礼

作者：琼·伍勒顿

新郎是一位年轻的国王，拜倒在新婚妻子的石榴裙下。新娘是美丽的公主，也是维多利亚女王的外孙女。他们的罗曼史让欧洲各地的人们想象不断。1906年5月31日，成千上万的祝福者站在马德里街头，观看西班牙国王阿方索十三世（Alfonso）和他的新王后巴腾堡的维多利亚·尤金妮亚公主（Victoria Eugenie）乘坐马车，从金碧辉煌的结婚典礼上归来，参加马德里王宫的盛大婚宴。

人群欢呼雀跃，纷纷争抢最佳观礼位置。人群中有人投掷鲜花和五彩纸庆祝，但鲜花

▲ 自出生之日，阿方索十三世就是西班牙国王，他逐渐成长为一名热情而又傲慢的年轻人

▲ 恩娜公主非常漂亮、腼腆，在呵护下长大。她并不是西班牙国王阿方索十三世的首选新娘

里藏了一件致命的"结婚礼物"。西班牙国王与王后即将抵达市中心时，突然，一束装有炸弹的鲜花扔向了他们的马车。

暗杀者马特奥·莫拉尔（Mateo Morral）的目标直指王室，但炸弹从他所在大楼的一扇高窗坠落时偏离了方向，落在了婚礼马车旁边，离聚集在马约尔大街上的人群非常近。炸弹立即爆炸了。马约尔大街是马德里最著名的街道之一。

111

新王后在爆炸那一瞬间,正转过头去看丈夫指给她看的那座圣玛丽教堂。人们认为王后转头的动作让他们幸免于难。马车的玻璃碎了,马跑了,一时间烟尘四起,哭叫连天,血肉横飞。不过,阿方索和维多利亚·尤金妮亚毫发无损,很快被转移至安全地带。莫拉尔乘着混乱逃走了。

一位名叫尤金·梅索尼罗·罗马(Eugenio Mesonero Romanos)的观众将爆炸瞬间捕捉了下来。随后,那张著名的爆炸照片出现在全球各地的报纸上。照片显示,在那一天的下午,爆炸当场造成几十人死亡,100多人受伤。死者中有贵族、军人和祝福者,他们都是前来参加马德里几十年来规模最大的王室婚礼的。

马德里着手统计炸弹造成的损失,而西班牙国王阿方索十三世与维多利亚王后继续履行各自的职责。夫妇二人出现在王宫的公众面前,走进了结婚宴会。来自欧洲各地的王室成员都参加了这场婚礼,王后仍然穿着那件血迹斑斑的婚纱,婚纱沾染上了马车旁侍卫的鲜血。

炸弹爆炸事故对王后来说是个可怕的开端。她丈夫年仅20岁,但已经习惯了各种谋杀企图。

> 新娘天真热情,追求刺激,她看不见任何潜在的危险。

就在一年前,莫拉尔试图在巴黎杀死国王,乘他离开歌剧院时向他的汽车投掷了炸弹。1903年,国王从教堂回家时,一名持枪歹徒瞄准了他。阿方索在这两次袭击事件中表现冷静,就像他在婚礼当天遭遇炸弹袭击时一样。这位国王在他的20年执政生涯里经历了无数次动荡,他的一生是悲剧和喜剧的非凡结合。

1885年11月,年仅27岁的阿方索十二世去世。1886年5月17日,遗腹子阿方索十三世出生,尚在襁褓之中的小婴儿即位成为西班牙国王。他父亲在经历短暂的流亡生涯后,回国复辟波旁王朝。在经历几十年动荡之后,阿方索十二世致力于实现政治稳定,并因平易近人和亲民而广受欢迎。

阿方索十二世的儿子出生后6个月,他的遗孀玛丽亚·克里斯蒂娜(Maria Christina)王

◀ 巡游达到高潮时,炸弹被扔向车厢,而当时有几千人聚集在马德里著名的马约尔大街上

▲ 今天,马德里仍然矗立着一座纪念1906年遇难者遭袭击的纪念碑

后摄政，意在巩固新国王的王位。阿方索十三世16岁正式执政，似乎从一开始就非常享受自己的权力与地位。他全盘接受了父亲建立的保守党和自由党轮流执政的制度，尽管这一制度最终会导致政局不稳。年轻的国王也对军队表现出浓厚的兴趣，可刚愎自用的个性使他从小就树敌无数。

刚愎自用是阿方索十三世的婚礼能如期举行的重要因素。新娘并不是所有民众心里的西班牙王后。短短一年多的时间里，新娘的天真烂漫和阿方索的雄心壮志竟促成了一场无与伦比的王室婚礼。

1887年10月24日，维多利亚·尤金妮亚·茱莉亚·恩娜（Victoria Eugenie Julia Ena）出生于巴尔莫勒尔，她是维多利亚女王最年轻的外孙女。据称，流亡的法国皇后尤金妮亚·德·蒙蒂霍是她教母，她就是以这位皇后的名字命名的。这可不是什么好兆头。法国皇后和她丈夫拿破仑三世被流放后，一直住在英格兰，而后者在抵达新家后不久就去世了。

人们经常称维多利亚·尤金妮亚为恩娜公主。她不得不忍受欧洲上流社会对她血统的嘲笑。母亲比阿特丽丝公主（Beatrice）是维多利亚女王与阿尔伯特亲王最小的孩子，但她父亲的家族地位要低得多。她父亲巴腾堡的亨利王子是黑森和莱茵河畔大公国亚历山大王子与女伯爵朱莉娅·豪克（Julia Hauke）之子，父母的家族地位也极不平等。1905年，阿方索第一次将目光投向恩娜，她因缺乏贵族血统而遭到强烈反对。阿方索的母亲极具帝王气质，铁石心肠，因担心恩娜可能患有维多利亚女王后裔中致命的血友病，激烈反对二人结婚，但母亲也无法说服他改变主意。

与此同时，恩娜也被迷得神魂颠倒。她长于宫墙内，对现实生活缺乏经验。在恩娜10岁时，

▲ 这份法国报纸在二人结婚后不久发表，文章描写了英国与西班牙王室之间的联姻

父亲去世。据称，她父母结婚的前提条件是，全家人都必须与维多利亚女王永久居住在一起。童年的恩娜陪伴维多利亚女王度过了垂暮之年。

维多利亚女王去世时，恩娜年仅14岁。自此之后，她一直受到舅舅爱德华七世的庇护。公主生性腼腆，不谙世事。当一位年轻的国王向她许诺，带她远离英格兰城堡的高墙，开始一段冒险的新生活时，她无法抗拒诱惑。报纸上关于西班牙政治问题的报道铺天盖地，但新娘天真热情，追求刺激，看不见任何潜在的危险。

阿方索写了一封情书向她求婚。他们在法国的比亚里茨度过了一段有监护人陪伴出席社交场合的日子，二人的订婚似已敲定。显然，恩娜去圣塞巴斯蒂安是为了见未来丈夫的家人。短短几个月，她的未来从整理外祖母的日记变成了有望

爱与失望

阿方索与恩娜决定结婚,但两人的爱情最终还是变质了。

5. 恩娜改教
随着联姻准备工作的开展,恩娜接受了天主教信仰的指导。1906 年 3 月 7 日,她皈依天主教,两人于同一天宣布订婚。西班牙大使和英国外交大臣签署了一项婚姻条约,规定恩娜放弃英国王位的权利。

6. 终成眷属
据称,1906 年 5 月底,阿方索在法–西边境迎娶新娘;然后陪向她前往马德里。他将珠宝像雨点一样,慷慨点缀在未来王后身上,两人手牵手出现在王宫的阳台上,受到观礼人群的热烈欢迎。相识短短一年,这对年轻情侣就步入了婚姻殿堂。

4. 爱情障碍
阿方索的母亲玛丽亚·克里斯蒂娜王后曾希望阿方索与她娘家奥地利的哈布斯堡家族联姻,认为恩娜的家族地位相当低,她祖母也没有王室头衔。她还担心这位公主可能会携带血友病。西班牙信奉天主教,恩娜的新教信仰也不受欢迎。

3. 闪电恋爱
最终,玛丽亚·克里斯蒂娜心软了。1906 年 1 月,恩娜和她母亲比阿特丽丝去比亚里茨见阿方索。这对情侣在监护人的监视下享受着浪漫爱情。然后,新郎带着新娘去圣塞巴斯蒂安见他母亲。

2. 互寄情书
阿方索拜见恩娜的母亲比阿特丽丝公主,以此结束他的国事访问。19 岁的国王询问她母亲自己能否与 17 岁的公主保持联系,他还留下一张照片送给恩娜。阿方索返回了西班牙,这对恋人开始频繁互寄明信片,但阿方索的母亲并不中意儿子看中的恋人。不过,一段王室罗曼史还是开始了。

1. 正式开始
1905 年,西班牙国王对英格兰进行国事访问,阿方索十三世与巴腾堡的维多利亚·尤金妮亚迅速坠入爱河。彼时,他们都还只有十几岁,阿方索正在寻找新娘,而恩娜的表妹康诺特的帕特丽夏公主是他未来王后的最佳人选。一次正式的晚宴上,阿方索与恩娜互生好感,一见钟情。

▲ 西班牙国王阿方索和王后恩娜离开马德里的圣赫罗尼莫教堂,现场一片欢呼,但他们离灾难只有几分钟的路程

▲ 炸弹袭击和袭击者马特奥·莫拉尔的自杀成为世界各地的头条新闻

戴上王冠,体验全新生活。无声无息的公主突然变得举足轻重了。据报道,恩娜在法国待了一段时间,准备按照婚姻条款皈依罗马天主教。婚约是按照国际条约定下的,阿方索也为新娘准备了价值几十万英镑的珠宝收藏。

恩娜在婚礼前不久抵达西班牙,穿过似乎没有尽头的欢呼人群,来到马德里。婚礼前几天,阿方索带她来到自己宫殿的阳台上。这对爱人携手站立,成千上万的人高声庆祝。当时,马特奥·莫拉尔正计划让两人无法完婚,亲手掐断这段浪漫的童话故事。

莫拉尔是巴塞罗那一家工厂老板的儿子,在国内外均受过教育。他在德国逗留期间对无政府主义运动越来越感兴趣,极其仇恨西班牙的统治阶级。1899年,莫拉尔回国,狂热支持工人争取权利,支持加泰罗尼亚发生的间歇性罢工。1905年,他针对阿方索十三世的暗杀行动失败,这进一步加剧了他对君主制的愤怒。就在阿方索举行婚礼的前几天,有人看到他在马德里雷蒂罗公园的一棵树上刻了一条消息,警告阿方索会命丧大婚之日。

当时,莫拉尔手上有一枚炸弹,策划用它杀死国王和王后。据称,这枚炸弹是一种产自法国

他们刚刚离开教堂几分钟,教堂的钟声还在响着。

的奥尔西尼装置,可在撞击时引炸。1906年5月31日早晨,阿方索十三世从埃尔帕尔多王宫接走新娘,一同去参加婚礼弥撒,而莫拉尔正在马约尔大街84号的一个房间里,为爆炸袭击做最后准备。

恩娜公主身穿礼服,穿过悬挂着西班牙国旗的街道,来到了马德里圣赫罗尼莫修道院教堂。教堂里,鲜花四处可见,阴暗的拱门上也安装上了电灯。拥挤的长椅上坐着欧洲王室成员,包括威尔士王子和王妃(即未来的乔治五世与玛丽王后),以及比利时、希腊和摩纳哥的王位继承人。新娘在母亲与婆婆的陪同下,走上红毯,等待新郎的到来。主婚人是托莱多大主教,仪式进展顺利。这对新人走到阳光下,一路巡游而归。

阿方索国王与恩娜王后乘坐一辆8匹白马拉

一件血迹斑斑的婚纱

王后梦寐以求的一件婚纱见证了悲剧的发生。

浪漫的新娘
香橙花象征着纯洁与婚姻，装饰在新娘的婚纱和头发上。新王后将一根小树枝赠与婚礼宾客，未来英国乔治五世的妻子——玛丽王后。

王室象征
百合花象征着西班牙国王阿方索十三世统治的波旁王朝。百合花纹章出现在婚纱上，还出现在新郎送给新娘的巨大钻石王冠上。

一件束胸衣拯救了王后？
炸弹爆炸时，周围的玻璃碎片飞向恩娜的身体。多亏了裙子上身的鲸须和厚重布料，恩娜才毫发无损。

西班牙制造
恩娜的婚纱当时价值4000英镑（相当于今天的50万美元）。婚纱由西班牙设计和缝制，用手工刺绣的白缎子制作而成。

拖尾婚纱
婚礼当天早上，12位西班牙公爵夫人帮助准王后穿上婚纱。12名伴娘在婚礼上帮她提起从肩上垂下来的4.5米长的拖尾。

婚纱因事故而血迹斑斑
恩娜身穿一袭婚纱，佩戴婆婆的阿伦孔蕾丝头纱来到婚宴现场。但她的婚纱沾染上了马车旁侍卫的鲜血。这名侍卫于爆炸事故中丧生。

的马车,这辆马车是19辆巡游马车中的一辆。他们刚刚离开教堂几分钟,教堂的钟声还在响着,礼炮还在鸣放着,莫拉尔就突然扔下了一枚炸弹。

死者中有6名士兵、两名军官和国王卫队队长。科洛萨侯爵夫人(Colosa)和她14岁的女儿在袭击中丧生,一名马夫和几匹马也在袭击中丢失性命。据报道,莫拉尔在记者何塞·纳肯斯(José Nakens)的帮助下逃走了,消失得无影无踪。但1906年6月2日,有人在托雷洪-德阿尔多斯(Torrejón de Ardoz)发现了他的踪迹,发现者当时认为莫拉尔想在那里搭乘火车返回巴塞罗那。他束手就擒,但没过多久,他开枪打死一名警卫,他自己之后也死于枪伤。官方报道称他是自杀而亡。

阿方索和恩娜的婚后生活始于一场公关秀。婚后第二日,这对夫妇驾驶一辆敞篷汽车穿过马德里,向人民表明王室生活将一如既往,继续正常进行。不出所料,王后似乎情绪低落,沉默不语,这招致了公众的批评。恩娜的蜜月还没开始就结束了。

最终,阿方索和恩娜没有幸福的结局。尽管两人在婚前曾对外反驳,但两个儿子仍遗传有血友病。大家认为恩娜要对孩子的健康问题负全部责任。1931年,阿方索反复无常的态度导致了西班牙的政治动荡,西班牙王室被迫流亡海外。

马德里至今矗立着一座纪念碑,以纪念1906年5月炸弹袭击中遇难的所有人。人员伤亡与财产损失使这场王室婚礼瞬间变成了悲剧。

现实中的血色婚礼

如果王室联姻出现问题,伴随而来的是接连不断的阴谋、毒害和屠杀。

罗马帝国皇帝卡拉卡拉与帕提亚公主

根据希罗底的记载,216年,卡拉卡拉皇帝向帕提亚国王阿尔塔巴努斯五世的女儿求婚。新娘父亲持怀疑态度,但传言他最终还是答应了婚约。结果在婚礼上交换誓词时,新女婿的罗马军队却突然发动袭击。可怜的新娘惨遭杀害,她的名字早已被遗忘在历史的长河之中。

基辅的圣奥尔加与德列夫利安的马尔王子

945年,奥尔加深爱的丈夫伊戈尔大公被德列夫利安人杀害。相传,冒犯的部落派遣信使向奥尔加提议与马尔王子结婚时,她将信使全部活埋,而派人陪她参加婚礼的一群人也被烧死。奥尔加组织了一次残酷的大屠杀,造成数千人死亡,然后利用麻雀放火烧掉了整座城市。

苏格兰玛丽女王与博思韦尔伯爵詹姆斯

1567年,博思韦尔伯爵被控谋杀玛丽的第二任丈夫达恩利勋爵。在被宣判无罪的几天后,他绑架了玛丽并强行迎娶她。这门亲事非常不受欢迎。几月后,博思韦尔逃离苏格兰,而玛丽则遭遇囚禁,被迫退位。

纳瓦拉国王亨利三世和瓦卢瓦的玛格丽特

1572年8月18日,新教教徒亨利在巴黎与天主教教徒玛格丽特的婚姻引起臭名昭著的圣巴托洛缪大屠杀。两人的婚姻是和平协议的一部分,但8月24日,数千名新教教徒在巴黎庆祝婚礼时惨遭杀害,有传言称在那年初夏,玛格丽特的母亲凯瑟琳·德·美第奇毒害了亨利的母亲珍妮。

萨沃伊王朝的阿马迪奥王子和意大利的玛丽亚·维多利亚·德尔·波佐

1867年5月30日举办的这场王室婚礼因其带来的无尽悲剧而被载入史册。据称,新娘的女侍上吊自杀,有人在婚礼当日发现王宫门卫惨遭割喉而亡。伴郎也显然是在庆祝婚礼时开枪自杀。据报道,这对新人乘坐的蜜月列车甚至从火车站站长身上碾了过去。

葡萄牙
国王曼努埃尔二世
& 奥古斯塔·维多利亚公主

---- ♥ ----

1913年9月4日

洛亨格林（Lohengrin）的婚礼进行曲在德国西马林根城堡奏响，新娘身着传统的白色婚纱，戴着长长的蕾丝头纱，走过红毯。葡萄牙国王曼努埃尔（1910年被废黜，君主制结束）则身穿黑色短裤、外套和燕尾服，搭配及膝高的袜子。婚礼结束后，150名宾客共进午餐，来自黑森林的女孩组成的唱诗班（如图所示）为婚礼宾客演唱。

路易斯·蒙巴顿 & 埃德温娜·阿什利

1922年7月18日

路易斯·蒙巴顿是爱德华八世最好的朋友。20世纪20年代,前者与魅力四射的女继承人举办了一场闪亮的上流社会婚礼。

作者:琼·伍勒顿

如果说有哪一对夫妇能体现20世纪20年代的精神,那必定是路易斯·蒙巴顿(Louis Mountbatten)与埃德温娜·阿什利(Edwina Ashley)了。这一对是"聪明年轻人"的化身,二人镀金般的生活是这十年的历史缩影。他们美丽富有,是世界上最著名的夫妇之一,相互追随,携手相伴几十年。1922年7月18日,两人举行婚礼,从此走上了明星夫妻之路。

这并不是当年的第一场王室婚礼,却在很大程度上激发了公众的无限想象。成千上万的人前来观看这对年轻夫妇的婚礼。婚后几个月里,各大报纸与杂志争相报道他们的浪漫故事、婚礼仪式和蜜月生活。这一点不足为奇,路易斯毕竟拥有王室血统和皇家海军的光明前程,埃德温娜是魅力四射的女继承人,她的财富多到令人无法想象。路易斯(他的家人叫他迪基)与新娘的一切都散发着金钱的味道。

1921年夏天,格蕾丝·范德比尔特(Grace Vanderbilt)在克拉里奇举办了一场舞会。路易斯·蒙巴顿和埃德温娜·阿什利一见倾心。两人在舞会上跳舞时,萌生爱意,相互吸引。他们都活泼机智,而且只有20岁。结婚消息一经传出,立刻给核心圈子留下深刻印象。路易斯的父亲米尔福德黑文侯爵认为埃德温娜是"同代人中最迷

人、最杰出的女孩"。她也赢得了路易斯最好的朋友的认可,即威尔士亲王与未来的爱德华八世。但在微笑背后,他们在某些方面截然不同。

路易斯·蒙巴顿生来是王子,他是维多利亚女王的曾孙。直到1917年,乔治五世及其家人放弃所有德国头衔之前,他一直被称为巴腾堡的路易斯王子殿下。后来,他的身份变成路易斯·蒙巴顿勋爵,但他手头始终非常拮据。在遇到埃德温娜时,他的年收入约为600英镑。之前,他曾经爱上初入社交界的奥黛丽·詹姆斯(Audrey James),母亲警告他,他还太年轻,太穷,不适合结婚。

埃德温娜从来不为钱发愁。外祖父欧内斯特·卡塞尔爵士(Sir Ernest Cassel)是英格兰最富有的银行家之一,拥有百万英镑的财富。埃德温娜十几岁的时候,就知道自己总有一天会继承一大笔财富。她年幼丧母,在欧内斯特爵士的身边长大。欧内斯特爵士对她宠爱有加,她也成为外祖父的女继承人。家族的巨额财富让她颇具吸引力,且欧内斯特爵士最亲密的朋友正是英国国王爱德华七世。

路易斯与埃德温娜的爱情愈来愈炽热,路易斯的母亲又一次提到对金钱的担忧。似乎,任何事都无法阻止这对年轻夫妇走向婚姻。正当路易斯准备在1921年秋季求婚时,他失去了至爱的父亲。

不久,埃德温娜的外祖父欧内斯特爵士逝世。两人都为失去至亲深感悲痛,订婚立即搁置下来。欧内斯特爵士的离世又造成了另一障碍,即埃德温娜在成年前或结婚前不得继承外祖父的财产。路易斯非常担心,如果他马上求婚,别人可能会认为他是妥妥的拜金男。家人鼓励他离开一段时间,陪同威尔士亲王去印度散心。路易斯很不情愿,但也只能答应。

这对热恋的情人不久就秘密见面了。

但埃德温娜不会让几千英里的距离变成爱情的绊脚石。路易斯半开玩笑地问她,她是否会去印度看他,以解相思之苦。在格雷维尔夫人(Greville)的帮助下,埃德温娜收到了一封来自英国总督的正式邀请函,且由格雷维尔夫人担任埃德温娜的社交监护人。1922年2月初,埃德温娜抵达印度。很快,这对热恋的情人就秘密见面了。在情人节那天,埃德温娜在一场舞会上接受了路易斯的求婚。他们对于获得结婚的必要许可感到些许恐慌。最终,这对幸福的恋人将订婚消息公之于众,结婚日期定在当年7月。

他们回到英格兰,成了上流社会的宠儿。为了庆祝订婚,两人举行了接连的聚会、午宴和晚宴。埃德温娜与路易斯两人珠联璧合,开始着手策划一场值得纪念的婚礼。新娘知道如何花钱制造影响力,而路易斯最爱组织策划。新郎在策划庆祝活动中发挥了重要作用,并亲自监督制作寄给欧洲王室的邀请函。

这对夫妇作为社交名流的形象还体现在婚礼场地的选择上。当年,威斯敏斯特的圣玛格丽特教堂是两次最著名婚礼的举办地,温斯顿·丘吉尔(Winston Churchill)和哈罗德·麦克米伦(Harold Macmillan)都是在这里举办的婚礼。圣玛格丽特教堂最初建于12世纪,历史上与王室关系紧密。这对年轻夫妇计划在一扇彩色玻璃窗下举行婚礼,以纪念1509年亨利八世与阿拉贡的凯瑟琳的订婚礼。

1922年7月18日早晨,8000人聚集在国会广场的教堂外观看婚礼,他们没有失望而归。王室宾客川流不息,包括乔治五世国王与玛丽王

▲1937年，蒙巴顿伯爵夫人埃德温娜戴着丈夫在婚礼上送给她的头冠，为《Vogue》杂志拍照

光彩夺目的结婚礼物

一对佳偶的传家珠宝与顶级轿车。

埃德温娜在伦敦的布鲁克楼值一大笔钱。1922年7月，布鲁克楼成为她展览结婚礼物的场地，附近房价因而飙升。这对魅力四射的新人收到了来自世界各地的结婚礼物，许多礼物都在布鲁克楼的宴会厅展出。

新娘至少收到三顶头冠，其中一顶是路易斯送她的王室传家宝。路易斯的母亲是莱茵河沿岸黑森大公国的维多利亚公主，她的祖母维多利亚女王赠与她一些钻石发夹，但她将其制成一件头冠。"一战"期间，维多利亚公主把它留在俄国，但在大革命期间弄丢了。一位王室亲戚赠与她一件新的改制首饰，这顶新头冠上有五颗钻石星星，每颗星星的中心都有一颗珍珠。路易斯将这顶头冠赠与新婚妻子，成为妻子最珍贵的一件珠宝。同时，埃德温娜也收到了父亲与姑婆赠与的钻石王冠，亚历山德拉皇后赠与她一枚饰有皇家密码的钻石吊坠。她还收到了项链、手镯和戒指等礼物，上面镶嵌着几乎所有你能想象到的宝石。而她妹妹则相当明智，赠与她金首饰盒。

埃德温娜送给新郎的礼物是一辆量身定做的劳斯莱斯，同样奢华无比。伴郎威尔士亲王也送了一份闪闪发光、充满感情的礼物——一个刻有珐琅图案的银质地球仪，地球仪上绘有他与路易斯一起进行的异域旅行路线。地球仪是那年夏天布鲁克楼展品中的一颗闪亮之星。

▲ 出席婚礼的乔治五世与妻子玛丽王后（右）和母亲亚历山德拉皇太后（中）

后,以及皇太后亚历山德拉和她姐姐俄国皇太后。乔治五世的三个小儿子和女儿玛丽公主也在场。巴腾堡的爱丽丝公主(路易斯的姐姐)和她丈夫安德鲁王子加入丹麦和德国王室成员的行列,加上商界和社交圈的知名人士,共有1400人。

新郎与伴郎威尔士亲王一同到达盛大的婚宴现场。不久,新娘身穿一袭定制的银色婚纱,在7名伴娘的陪同下出场。伴娘中有4位是公主。4位公主分别是来自希腊和丹麦的玛格丽塔(Margarita)、狄奥多拉(Theodora)、塞西莉亚(Cecilie)和索菲娅(Sophie),年龄在8岁至17岁之间,都是新郎的侄女。1岁的小弟弟菲利普亲王被留在家中。埃德温娜还让自己的妹妹玛丽·阿什利(Mary Ashley)和魅力十足的朋友玛丽·阿什利-库珀夫人(Lady Mary Ashley-Cooper)、琼·埃斯特·帕克纳姆(Joan Esther Pakenham)担任伴娘。主婚人是卡农·卡耐基牧师(Canon Carnegie)。

一个多小时后,蒙巴顿勋爵与蒙巴顿夫人走出教堂,出现在摄影师的镜头前,观礼群众第一次见到了这对幸福的夫妇。他们平静地坐进等候着的豪华轿车。轿车由海军特等部队开道,前往埃德温娜在伦敦布鲁克楼的招待处。布鲁克楼坐落在公园巷的拐角处,大理石砌成的门厅和科林斯式柱子为婚宴提供了奢华的环境。婚礼宾客到达时,接待人士会告知新娘与王室的关系。在一段楼梯的顶端,新娘外祖父的好友爱德华七世的肖像画就摆放在那里。

婚宴是在6间厨房里准备的。欧内斯特·卡塞尔爵士在世纪之交买下布鲁克楼后,布置了这6间厨房。婚宴包括一个传统的多层婚礼蛋糕,蛋糕经厨师精心装饰过。后来,这对夫妇前往埃德温娜在汉普郡的另一处住宅布罗德兰兹作短暂停留,此时新娘可以继承一笔巨额财产了。

▲ 路易斯和埃德温娜在婚礼前几天拍摄的照片

这对新婚夫妇是英国最富有的夫妇之一。不久,两人就开始挥金如土的奢靡生活。王室蜜月通常很短,一般是在乡间别墅里安静度假,但蒙巴顿夫妇另有想法。他们开着劳斯莱斯,从布罗德兰兹出发,开启为期5个月的横跨欧洲的冒险之旅。他们拜访了路易斯的几位王室表亲,其中就有西班牙王后维多利亚·尤金妮娅。

之后,两人去美国住了一段时间。埃德温娜非常喜欢美国,路易斯也觉得它几乎是一个超现实的国家。每个人都想和他们共度时光。夫妇二人受邀去华盛顿特区,拜访了美国时任总统沃伦·甘梅利尔·哈定(Warren G. Harding);此后,又小住好莱坞,出演查理·卓别林专门为他们制作的一部无声喜剧;在纽约会见了传奇棒球运动员贝比·鲁斯(Babe Ruth)。回到英国时,蒙巴顿勋爵和蒙巴顿夫人已经是家喻户晓的明星夫妻了。

▲ 当时的圣玛格丽特教堂布满了蓝色的花朵，挤满了前来参加埃德温娜与路易斯婚礼的王室宾客

即便路易斯重新开始海军生涯，两人仍然是公众关注的焦点。他们具有无比魅力，与王室关系亲密，他们的婚姻生活为人津津乐道，永远不会远离头条新闻。这对"聪明年轻人"打破了王室的固有模式，他们的婚礼以前所未有的盛大规模将王室与上流名人联系在一起，成为未来奢华婚礼的典范。

▲ 新婚夫妇离开教堂，面露喜色

> 他热情务实……最重要的是，工作非常努力。她无所畏惧，兴奋不已。他们是一对完美夫妻。
>
> ——路易斯与埃德温娜的女儿帕梅拉·希克斯女士（Pamela Hicks）

新娘穿银色婚纱
1922年，乔治五世的女儿玛丽公主让伴娘穿上银色礼服；现在，埃德温娜的银色婚纱具有了明星般的吸引力。她那件光彩夺目的婚纱和拖尾都是用银丝所制，是专门为婚纱编织而成的。

香橙花头冠
和许多王室新娘一样，埃德温娜的头上也佩戴了香橙花。香橙花被制成一个高高的王冠状头饰，固定在薄薄的头纱上。香橙花的花语是婚姻幸福和多子多孙。

20世纪的造型
这款婚纱轮廓简单，具有20世纪初的所有特征。腰间垂下的是银色薄纱织物，上面镶满了珍珠与钻石。

时尚手捧花
新娘手捧花是百合的单根花茎，也被称为圣母百合，象征着贞洁。埃德温娜的伴娘们手捧飞燕草，这些飞燕草也被用来装饰教堂。

高级时装
瑞农（Revillon）时装店设计了埃德温娜的婚纱。她还要求这家时装店制作伴娘礼服。埃德温娜的7位伴娘穿着流行的飞燕草蓝衣，头戴银色蕾丝帽。

现代而又朴素
这款婚纱融合了高级时尚和谨慎的王室要求，其圆领、手套式长袖袖口和及踝长裙，均采用卷边下摆设计。

天价蕾丝
婚纱拖尾长达1.2米，拖尾两侧各有两条威尼斯蕾丝花边。拖尾还装饰着古老的西班牙花边。这都是埃德温娜的姑婆卡塞尔夫人（Cassel）赠送给她的。

爱德华·温莎公爵 & 沃利斯·辛普森

1937年6月3日

这段动摇了英国君主制核心的关系,最终以一场秘密举行的小型婚礼而敲定。不到20位宾客参加了这位前国王的特殊日子。爱德华·温莎公爵(Edward Windsor)和沃利斯·辛普森(Wallis Simpson)甚至没有享受到官方摄影师拍照的待遇。沃利斯身穿一袭蓝色礼服,头戴蓝色礼帽,在汉德尔的清唱剧《犹大·马卡比斯》(*Judas Maccabeus*)的伴随下,走向为她放弃王位的丈夫。婚礼结束后,人们喝香槟庆祝。王室成员没有出席这次活动,婚礼上温莎家族的成员少之又少。

伊丽莎白公主 & 菲利普亲王

1947年11月20日

英国刚刚从第二次世界大战的恐怖中恢复过来，便沉浸在伊丽莎白公主和菲利普亲王的浪漫爱情故事里。

作者：杰茜卡·莱格特

在过去70多年里，伊丽莎白女王和菲利普亲王巩固了英国君主政体。在大多数王室成员结婚是为了责任而不是爱情的时候，他们是因相爱而结连理，因此深受公众喜爱。两人的婚礼恰逢英国人民因战争而疲惫不堪之时，这场婚礼成为20世纪最著名的一件大事。

1934年，在希腊和丹麦的玛丽娜公主（Marina）嫁给肯特公爵乔治王子的婚礼上，伊丽莎白公主初次邂逅了第三代表哥菲利普亲王，那时她8岁。5年后，即1939年7月，他们在达特茅斯的皇家海军学院再次见面，菲利普已经成为一名英俊潇洒的男子。

菲利普的叔叔路易斯·蒙巴顿勋爵安排他侄子陪伴公主和她妹妹玛格丽特公主。那一天，这两人相处很愉快。伊丽莎白和菲利普在上大学期间取得了联系，两人同意在分开时交换信件。不久，公主在床边放了一张心上人的照片。

仅仅几个月后，"二战"爆发了。伊丽莎白和菲利普就像全国其他数百万对恋人一样分隔两地，长达6年之久。菲利普亲王在英国皇家海军服役，伊丽莎白公主也在接受驾驶和机械方面的训练，1945年，她加入了英国辅助本土服务队。在这段痛苦的日子里，伊丽莎白和菲利普始终保持联系。菲利普甚至曾短暂访问温莎城堡，和妹

▲ 大婚之日,这对年轻夫妇看上去非常恩爱

▲ 伊丽莎白和父亲一起走在威斯敏斯特大教堂的过道上

妹一起观看公主的哑剧表演。

1945年，第二次世界大战终于结束，全国上下都松了一口气。伊丽莎白和菲利普仍然相爱，旁观者明显能看出他们是认真对待恋情的。1946年，伊丽莎白的父亲乔治六世国王邀请菲利普去巴尔莫勒尔庄园。正是在此次拜访中，王子征得了她父亲的同意，毅然决然地向伊丽莎白求婚。乔治六世答应将女儿嫁给他，但条件是他们订婚的消息必须保密，直到1947年4月伊丽莎白21岁生日，才能公之于众。

一方面，伊丽莎白由此有了充足时间考虑自己的选择；另一方面，也是因为她父亲和其他王室成员都担心菲利普亲王不适合做未来女王的丈夫。两人结婚不会带来任何利益——虽然菲利普是一位王子，但实际上身无分文。他叔叔希腊国王康斯坦丁一世被迫退位后，菲利普的家族被逐出了希腊。

除此之外，伊丽莎白的家人也很清楚菲利普父母的混乱生活。伊丽莎白在亲密又充满爱的环境下长大，而菲利普却独自在寄宿学校里长大。

结婚礼服

伊丽莎白的婚纱是一件华丽却又朴素的作品,非常适合战后的年代。

爱国赞助
这件婚纱采用奢华的公爵夫人缎制成,来自苏格兰登弗姆林附近的温特图尔公司。

艺术灵感
哈特内尔说,他的灵感来自波提切利的名画《春》(*Primavera*)。这幅画象征着春天的到来,因此新娘拖尾上有贴花图案。

装饰精美
这款婚纱镶有水晶和大约一万颗从美国进口的白色珍珠。贴花缎子是在肯特郡的鲁林斯通城堡制作而成。

婚鞋精致
伊丽莎白穿着象牙色厚底缎子高跟鞋,上面镶着爱德华·雷恩(Edward Rayne)设计的银边和珍珠扣。

设计优雅
婚纱裙身剪裁简单,上身合体,领口呈心形,腰部呈V字形,下摆为镶板长裙。

适合公主佩戴的珍珠
当天,伊丽莎白女王佩戴了两条珍珠项链。较短的一条珍珠项链属于安妮女王,另一条被称为"卡罗琳",据说属于乔治二世国王的妻子。

婚纱拖尾
伊丽莎白的婚纱配有约4.6米长的丝绸薄纱拖尾,上面镶着珍珠、水晶和透明的贴花薄纱。

菲利普的母亲是巴腾堡的爱丽丝公主,患有严重的精神疾病,而风流成性的父亲又抛家弃子。有了这样一对父母,大家都很怀疑菲利普是否会忠于伊丽莎白。

"二战"后,人们还担心菲利普与纳粹之间的联系。他的4个姐妹都嫁给了纳粹高层。1937年,姐姐塞西尔(Cecile)死于飞机失事。年轻的菲利普被拍到在她葬礼上被纳粹分子包围着。

菲利普的叔叔兼导师是蒙巴顿勋爵,后者的专横跋扈令人印象深刻。蒙巴顿野心勃勃,意志坚定,为这段联姻积极奔走,以至于菲利普显然承认叔叔给他施加了很大压力,要求他向伊丽莎白求婚,这已经不是什么秘密了。

据说,伊丽莎白女王的母亲伊丽莎白王后称她未来的女婿是"猎手",就连首相温斯顿·丘吉尔(Winston Churchill)也怀疑王子动机不纯。伊丽莎白对自己与菲利普的未来感到兴奋,但她家人暗中期盼,不到一年,她就会改变主意。

伊丽莎白也许天生害羞,可是,家人完全低估了她要嫁给菲利普的决心。伊丽莎白固执己见,不愿放弃,乔治六世和伊丽莎白王后最终被迫接受了女儿的决定。

宣布订婚前,菲利普亲王宣布放弃希腊和丹麦的权位,加入英国国籍,随后使用姓氏"蒙巴顿",而蒙巴顿来自他母亲的英国家庭。此外,菲利普皈依了英国国教。

1947年7月9日,伊丽莎白刚过完21岁生日,不到3个月,王室就向全世界宣布两人订婚的消息。这对恋人沉浸在幸福之中,但不只是伊丽莎白的家人对这门婚事持保留意见。订婚声明公布后不久,一家报纸进行的民意调查显示,40%的公众反对这桩婚姻。这点不足为奇,因为"二战"结束后,菲利普被认为太像"德国人"了。

婚礼的热潮席卷了全英国。

当人们了解这对恋人是为了爱情,而不是为了责任才结婚时,原本反对这段婚姻的人们很快就变得热情起来。毕竟,一场盛大的王室婚礼是许多英国人乐于接受的消遣,也是提振英国人民精神的好主意。

结婚日期定在11月20日,只剩下4个月的时间,筹备工作很快就开始了。直到8月中旬,诺曼·哈特内尔爵士(Norman Hartnell)为伊丽莎白设计的婚纱才被批准。这位著名设计师只剩下不到3个月的时间,就要完成一件婚纱杰作。

婚礼的热潮席卷了全英国(乃至全世界)。由于英国仍在实施战后紧缩政策,伊丽莎白不得不把服装配给券存起来,以待日后支付她的婚纱材料。她的婚纱总共需要3000张券。几百名准新娘将自己的配给券寄给公主,希望帮助她穿上一袭美丽的婚纱。这真是非常可爱的举动,但所有配给券都必须归还给原主人,因为配给券只能本人使用;如果伊丽莎白使用这些配给券,就会构成违法行为。

政府为伊丽莎白提供了200张额外的配给券,用来支付婚纱。菲利普一向不喜欢铺张浪费,他计划在结婚当日穿上海军制服。这对新人将在伦敦威斯敏斯特大教堂举行婚礼。24年前,伊丽莎白的父母乔治六世和伊丽莎白王后就是在这里举行婚礼的。伊丽莎白公主成为王室中第十位在威斯敏斯特大教堂举行婚礼的成员。

伊丽莎白共有8位伴娘:妹妹玛格丽特公主(Margaret)、表妹肯特郡的亚历山德拉公主(Alexandra)、卡罗琳·蒙塔古-道格拉斯-斯科特夫人(Lady Caroline Montagu-

▲ 人们排在街道两旁，只为一睹新娘的风采

Douglas-Scott）、玛丽·坎布里奇夫人（Lady Mary Cambridge）、帕梅拉·蒙巴顿阁下（Pamela Mountbatten,）、玛格丽特·埃尔芬斯通阁下（Margaret Elphinstone）、伊丽莎白·兰巴特夫人（Elizabeth Lambart）和戴安娜·鲍斯-莱昂（Diana Bowes-Lyon）。

菲利普的伴郎是米尔福德黑文侯爵大卫·蒙巴顿（David Mountbatten），格洛斯特郡的威廉王子和肯特郡的迈克尔王子担任花童。总共有2000名宾客受邀参加婚礼，其中有荷兰的朱莉安娜公主和伯恩哈德王子，以及伊拉克国王。值得注意的是，菲利普的姐妹们和伊丽莎白的叔叔温莎公爵均缺席。就在十年前，爱德华八世退位引发了一场宪法危机，退位后受封为温莎公爵。

在婚礼前两天，国王与王后在白金汉宫举行盛大的舞会，以庆祝女儿即将结婚。乔治六世一

菲利普亲王被封为爱丁堡公爵。

向矜持，当天却带头在白金汉宫的国事厅跳康加舞。婚礼当天早上，菲利普亲王被封为爱丁堡公爵、梅里奥尼斯伯爵和格林威治男爵。就在前一天，乔治国王授予菲利普"亲王殿下"的头衔，这意味着在几个小时内，菲利普亲王被授予了一个不同寻常的头衔，即"菲利普·蒙巴顿爵士殿下"。

婚礼前夕，菲利普住在肯辛顿宫。寒冷刺骨的天气里，摄影师们成群结队地守候在门外，菲利普王子贴心地为他们准备了茶与咖啡。与此同时，伊丽莎白在白金汉宫已经做好结婚准备，甚至用自己的化妆品化妆。

就像任何婚礼一样，并非一切都像公主希望的那般顺利。新娘的手捧花非常精致，是用白色兰花和一根桃金娘枝条制成，但在那天早上，手捧花送过来后就找不到了。桃金娘来自奥斯本宫。这一做法起源于维多利亚女王，她用一枝桃金娘点缀自己的婚礼捧花，并在婚礼后，将阿尔伯特亲王的祖母送给她的桃金娘灌木枝种在怀特岛上的奥斯本宫的花园里。幸好虚惊一场，原来是一位男仆将新娘手捧花放到了一个凉爽房间里，以保持花束新鲜，防止枯萎。

手捧花并不是那天早晨发生的唯一一段插曲。伊丽莎白的母亲将玛丽王后的穗状王冠借给女儿。钻石王冠戴到她头上时，却突然断裂。当时，王室珠宝商就在一旁待命，以防发生紧急情况。珠宝商在警察的护送下连忙冲进自己的工作室。伊丽莎白焦急等待着，母亲连忙安慰她说，王冠会及时修好的——事实果然如此。

准新娘的父母送给她一串双珍珠项链，以作添彩，但这条项链还在圣詹姆斯宫展出。为了及

▲ 伊丽莎白和菲利普婚后在马耳他合影留念

王室蜜月

伊丽莎白和菲利普如何度过新婚期？

新娘从白金汉宫出发开启蜜月之旅。伊丽莎白身穿连衣裙和天鹅绒大衣，戴着诺曼·哈特内尔（Norman Hartnell）设计的鸵鸟羽毛帽，而帽子的颜色正好是迷雾蓝。国王、王后和爱丽丝公主与这对新婚夫妇挥手告别。

伊丽莎白和菲利普坐上一辆敞篷朗道马车，前往滑铁卢车站，向等待的人们挥手致意。为了御寒，马车地板上放有热水瓶，旁边还有伊丽莎白心爱的柯基犬苏珊。马车缓缓离开，新婚夫妇身上撒满了玫瑰花瓣，而不是传统的五彩纸屑。

伊丽莎白和菲利普来到汉普郡的布罗德兰兹庄园，那里是菲利普叔叔蒙巴顿伯爵的家。他们在一间18世纪小屋里度过了蜜月的前半部分（时隔60年，即2007年，这对夫妇在布罗德兰兹庄园重新拍摄了那张标志性的蜜月照片）。后来，他们搬到巴尔莫勒尔庄园的伯克霍尔别墅（Birkhall Lodge）度蜜月。

伊丽莎白和菲利普在离开之际发表了一份声明，表达了对收到的所有美好祝愿的感激之情。公主在蜜月期间与家人保持联系，亲切地告诉母亲菲利普是个"天使"。

▲ 一场童话般的婚礼上，新娘一脸喜气

▲ 伊丽莎白与菲利普宣布订婚后的照片

▲ 拍摄于1939年，同年，伊丽莎白爱上了菲利普

▲ 华丽的婚礼蛋糕

时拿到项链，伊丽莎白的私人秘书急忙赶到圣詹姆斯宫，之后借了挪威国王哈康七世的汽车，及时赶到现场。

尽管一路上磕磕绊绊，但公主和王子的婚礼终于在上午11:30开始。王室成员乘坐大型马车，经过挤满人群的街道，列队抵达大教堂。成千上万的围观者挤在街道两旁，只为一睹王室新娘的风采。伊丽莎白王后与玛格丽特公主第一批到达，紧随其后的是玛丽王太后。

菲利普亲王在伴郎的陪同下离开肯辛顿宫，从诗人角附近的一扇门进入大教堂。与此同时，伊丽莎白由父亲陪同，在皇家骑兵卫队的护送下，坐进了那辆爱尔兰皇家御用马车。马车即将抵达教堂，圣玛格丽特教堂的钟声响起，宣布公主驾到。新娘容光焕发，走进威斯敏斯特大教堂。她一定已经敏锐地意识到，整个婚礼仪式

▲ 伊丽莎白公主和她父亲抵达威斯敏斯特大教堂

都被英国广播公司（BBC）录制下来，并播放给全球两亿人观看。主持婚礼的坎特伯雷大主教杰弗里·费希尔（Geoffrey Fisher）正在高高的圣坛前等候。

圣坛上摆满大花瓶，里面装有白百合、玫瑰、粉红色康乃馨、山茶、杂色常春藤和菊花。时任英国首相克莱门特·艾德礼（Clement Attlee）和其他政界人士坐在唱诗班的座位上，国王乔治六世和伊丽莎白王后坐在圣殿的南面。

修道院的管风琴师兼合唱大师威廉·尼尔·麦基（William Neil McKie）是婚礼的音乐总监。仪式以阿诺德·巴克斯（Arnold Bax）为婚礼特别谱写的赞美诗开始。麦基也为婚礼谱写了一首赞美诗："上帝啊，我们等着您的慈爱。"爱德华·卡斯伯特·拜尔斯托爵士（Sir Edward Cuthbert Bairstow）演唱了《圣经》中的第67首赞美诗。婚礼上共有91名歌手，威斯敏斯特大教堂、皇家礼拜堂和温莎城堡里的圣乔治礼拜堂的唱诗班都参加了婚礼合唱团。

新人交换了结婚戒指。伊丽莎白的结婚戒指由一块威尔士金块制成，金块提取自威尔士多尔格劳附近的克洛高圣大卫矿（Clogau St David）。此金块是作为礼物送给女王伊丽莎白二世制作结婚戒指的。后来，玛格丽特公主、安妮公主和戴安娜王妃的结婚戒指都由来自威尔士克劳高圣大卫金矿的黄金铸造而成。

宣誓结束，新人便动身前往圣殿后面的圣爱德华教堂，以便双方在直系亲属的陪同下登记婚姻。登记完毕，新人走出教堂，聆听费利克斯·门德尔松（Felix Mendelssohn）经典的《婚礼进行曲》。

婚礼结束了，新婚夫妇离开威斯敏斯特大教堂，返回白金汉宫。婚宴于午餐时间在舞会餐厅举行。婚宴菜单上的菜品包括"蒙巴顿独家肉片、砂锅鹧鸪和伊丽莎白公主冰淇淋"。考虑到战后的食物配给，伊丽莎白公主只邀请了150位宾客参加婚宴。

宾客们一边大吃特吃，一边享受着掷弹兵卫队弦乐队演奏的音乐。桌上的小花球异常精致，由桃金娘和白石南花束制作而成。桃金娘和白石南取自苏格兰巴尔莫勒尔皇家庄园。

婚礼蛋糕由著名的蛋糕制作工厂麦克维蒂和普莱斯（McVitie and Price）制作，令人惊叹。蛋糕有9英尺高，分为4层，原料来自世界各地。就连用的糖都是由澳大利亚女童军提供的，因此被称为"万里蛋糕"。蛋糕上装饰着新郎与新娘

订婚戒指

菲利普费尽心思，为女王设计了一枚心仪的戒指。

菲利普身无分文已经不是秘密，但伊丽莎白梦想的订婚戒指却遥遥无期了。爱丽丝公主意识到儿子想向心上人求婚，于是，将沙皇尼古拉二世与亚历山德拉皇后赠与自己的王冠拿给了儿子。爱丽丝牺牲自己的王冠，帮助菲利普向公主求婚，此举非常贴心甜蜜。

在伦敦珠宝商菲利普安特罗布斯有限公司（Philip Antrobus Ltd.）的帮助下，菲利普将母亲王冠上的钻石改制成一枚铂金钻石订婚戒指。主钻有3克拉，钻戒两侧有10颗小钻石，全部镶嵌在铂金底座上。菲利普在改制婚戒的同时，将其余钻石改成一个漂亮的宽手镯作为结婚礼物。显然，菲利普为伊丽莎白设计一枚百搭戒指，这在当时可不是一件寻常之事。

这些并不是菲利普送给伊丽莎白的唯一的结婚礼物。据说，在婚礼那天早上，一直喜欢抽烟的菲利普决定永久戒烟。据报道，他做出这一决定是出于尊重准新娘。伊丽莎白不喜欢吸烟。尤其是乔治六世因长期吸烟，已演变为肺癌，身体健康每况愈下，她非常担心父亲的健康状况。

▲ 伊丽莎白总是被拍到戴着一枚美丽的订婚戒指

▲ 新婚夫妇向白金汉宫外的人群挥手致意

家族的臂章、新郎与新娘名字的字母组合、两人最喜爱的糖霜人物以及团徽和海军徽章。伊丽莎白与菲利普用乔治六世送给新郎的那把宝剑切开了蛋糕。

这是官方的婚礼蛋糕，但这对新人总共收到了 11 个结婚蛋糕。实际上，他们收到了 2500 多份礼物和一万多封祝福电报。圣雄甘地甚至寄来了一件自己纺的棉布花边，上面绣着"印度万岁""印度必胜"的英文字样。

为了向聚集在林荫道上的人们致意，伊丽莎白与菲利普走上阳台，向人群挥手致意。第二天，伊丽莎白的手捧花被送回威斯敏斯特大教堂，放在无名烈士的墓冢之上，这是她母亲伊丽莎白王后开创的王室传统。

婚礼是结束了，但英国人的热情并没有结束。伊丽莎白的婚纱在全国巡游前被放在圣詹姆斯宫展出，让公众有机会近距离观看。圣詹姆斯宫还展出了这对夫妇收到的所有礼物，而全国各地的电影院都在放映婚礼庆典。

乔治六世的健康每况愈下，伊丽莎白不得不承担起更多责任。婚后几年，菲利普为了支持妻子，放弃了前途无量的海军生涯，向世人证明他

是伊丽莎白的可靠配偶。

2007年，伊丽莎白二世成为第一位庆祝钻石婚的英国君主；2017年，伊丽莎白女王和菲利普亲王迎来他们的白金婚纪念日。自两人于1947年举行盛大婚礼并振兴"二战"后的英国精神以来，伊丽莎白女王和菲利普亲王风雨同舟，相濡以沫，走过漫漫70余年，真正做到了一生一世一双人。

伊丽莎白的婚纱在全国巡游前被放在圣詹姆斯宫展出。

▲ 人群聚集在白金汉宫外，观看新娘与新郎

意大利的
玛丽亚·皮娅公主
& 南斯拉夫的亚历山大王子

1955年2月12日

玛丽亚·皮娅公主（Princess Maria Pia）与亚历山大王子（Alexander）的婚礼可不是件小事。这张照片摄于两人订婚时，与玛丽亚·皮娅的父亲、意大利国王翁贝托二世合拍。有2000名宾客前来参加婚礼，其中100名属于欧洲王室成员，包括肯特公爵和保加利亚国王。翁贝托二世的统治只维持了27天，之后一直流亡葡萄牙，所以这场婚礼于葡萄牙的卡斯凯什圣母升天教堂（Nosso Senhora da Assunção）举行，教堂距里斯本25千米。

1956年4月18日

雷尼尔三世 & 格蕾丝·凯莉

从好莱坞邻家女孩到王妃,走进20世纪最壮观的童话婚礼。

作者:菲莉帕·格拉夫顿(Philippa Grafton)

格蕾丝·凯利(Grace Kelly)有着一双令人惊艳的湛蓝色眼睛,一头令人眼前一亮的金色卷发。她是好莱坞魅力的缩影。天真的邻家女孩形象,再加上非凡天赋,使她获得了很好的演艺机会,并成为银幕上的甜心。1955年,格蕾丝在次年上映的美国喜剧电影《天鹅》中,饰演坠入爱河的亚历山德拉公主。这部电影可真是惊人的预言,就在这一年,她作为贵宾,受邀参加了法国戛纳电影节。她那时刚搬至纽约的公寓,疲惫不堪,虽然不大情愿出席,但还是尽职尽责地接受了。在法国的日程安排得十分紧凑,第一天就是访问摩纳哥公国。《巴黎竞赛》杂志的电影部门主编安排这位明星与摩纳哥王子雷尼尔三世(Rainier III)在王宫会面。

格蕾丝打算去王宫的那天早上,发电厂的罢工造成了一场灾难。她拎着一个手提箱,里面装满了皱巴巴的衣服,她也无法为头发做造型。格蕾丝选择了一件皱褶最少的衣服,就是那件艳丽的黑色玫瑰图案连衣裙。她将头发盘成发髻,用一排假花装饰,代替了正式礼帽,因为会见王室成员时必须戴正式礼帽。

雷尼尔是欧洲精英中的黄金单身汉。32岁的他外表英俊,颇有魅力,大多数女性都无法抗拒他。可是,格蕾丝对摩纳哥王子的第一印象一点儿也不好。会面时间原定于下午3点,雷尼尔王子却迟迟未赴约。格蕾丝的耐心就要耗尽了,

▲ 雷尼尔与格蕾丝在举行宗教仪式后拍的官方结婚照

▲ 巴黎蒙特卡洛酒店，一名厨师拿着一份多层婚礼蛋糕的设计图

▲ 婚礼在摩纳哥王子宫殿举行

◀ 格蕾丝·凯莉与雷尼尔王子的初次见面

格蕾丝将明星职业生涯问题推给了丈夫。

她与《巴黎竞赛》杂志的摄影师们一起参观王宫,长达45分钟。下午5点半,她将在戛纳主持一场招待会,正动身准备离开,就在那一刻,雷尼尔到了。

王子带她参观了王宫花园和私人动物园。这次会面时间虽短,但意义重大。格蕾丝优雅高贵,性格害羞,立刻赢得了王子的欢心。

两人隔着遥远的大西洋秘密通信,但直到同一年的圣诞节才再次相见。在美国期间,雷尼尔王子及其随行人员在圣诞节前夕的庆祝活动中拜访了格蕾丝在费城的家。这对情侣每天共度时光,浪漫恋情很快就发展成订婚。1956年1月5日,两人正式宣布订婚。

短暂的恋爱结束了,这对恋人将目光放在未来,筹划即将到来的婚礼。婚礼定于1956年4月举行,时间不多,两人要筹备的事情却非常多。对于格蕾丝来说,笼罩在她未来婚姻上的阴影是她的演艺事业。

在一次媒体采访中,格蕾丝将明星职业生涯问题推给了丈夫,而雷尼尔说她会停止明星事业。离开好莱坞可非一件易事。格蕾丝去拜访了签约的米高梅公司(Metro Goldwyn Meyer),告知他们自己无法继续履行合同。米高梅同意了提前解约,但前提是米高梅拥有整场婚礼的独家拍摄权,格蕾丝同意了。不幸的是,她未意识到媒体的狂热很快就会吞噬她与雷尼尔的婚姻。

4月4日,格蕾丝与家人、少数记者以及可靠的贵宾犬奥利弗一同登上"SS Constitution

订婚

简单的恋爱是如何变得意义非凡的?

1955年12月24日,摩纳哥雷尼尔王子在费城拜访了格蕾丝与她的家人。在圣诞节前夕的聚会上,他与格蕾丝一家人共度时光,但这对痴情的恋人找不到单独相处的机会。格蕾丝的姐姐佩吉注意到恋人之间的化学反应,提议王子及其随从去她家,她家就在附近不远处。王子适时接受了邀请,格蕾丝也跟着去了,并且与雷尼尔一起打牌至凌晨时分。圣诞节那天,格蕾丝单独与雷尼尔开车兜风,回来时,手上戴着一枚钻石和红宝石镶嵌的金戒指,这是雷尼尔赠送给她的象征友谊的戒指。

3天后,格蕾丝回到纽约,开始接受电影《上流社会》的角色培训。两人朝夕相处,12月29日,王子向格蕾丝求婚,他将正式求婚书寄给了格蕾丝的父亲杰克·凯利(Jack Kelly)。新年前夜,这对恋人正式订婚了,但直到1956年1月5日才正式公开了两人的订婚消息。

王子见到其他好莱坞女演员随身佩戴闪瞎眼的珠宝,他要让所有人都相形见绌。他之前送给格蕾丝的那枚友谊戒指不适合用作订婚,于是,他定制了一颗10.47克拉的祖母绿切割钻石,镶嵌在铂金底座上,每边镶有两颗方形钻石做点缀。在格蕾丝于1956年拍摄的息影之作《上流社会》中,她就戴着这枚精致的戒指。

▲ 格蕾丝·凯利向父母展示了雷尼尔赠与她的订婚戒指

号"游轮,从纽约起航前往摩纳哥。甲板下载着60多件行李,其中一件是铁箱子,里面装有最珍贵的衣服——婚纱。成千上万的人向她依依不舍地告别,记者与影迷挤在一起,为这位即将成为欧洲王妃的电影明星送行。

8天后,她抵达摩纳哥,雷尼尔乘坐"迪奥朱凡特二号"游艇(Deo Juvante II)出海迎接新娘。格蕾丝在摩纳哥海岸与成千上万欢迎她来到新家的人见面。

自格蕾丝抵达摩纳哥到举行婚礼的这一周,她和雷尼尔王子就连轴转,参加多场狂欢、晚会与宴会,旋风般的庆祝活动似乎永远不会结束。庆祝活动有烟火表演和芭蕾舞表演。这一周让人精疲力竭;记者和摄影师不断跟踪这对新婚夫妇,试图挖出丑闻或突发事件。媒体的歇斯底里势不可当。由于找不到任何真实报道,记者们开始散布谣言。对于新人而言,婚礼来得太迟,噩梦般的媒体关注也终结得实在太迟了。

4月18日上午,两人参加民事婚礼。根据摩纳哥法律,民事婚礼是正式婚礼的前半部分。婚礼在王宫里的小王座厅举行,新人在80位宾客面前宣誓。

为了保持低调,格蕾丝穿了一件由米高梅服装设计师海伦·罗斯(Helen Rose)设计的素雅婚纱。这款婚纱由玫瑰色塔夫绸制作而成,上面镶有阿尔香尼花边,简单的婚纱配以白手套和朱丽叶帽头纱。雷尼尔穿着一件黑色晨衣。

雷尼尔王子与格蕾丝在宫殿院子里为3000名摩纳哥公民举行了招待会,然后在第二天继续举行婚礼。摩纳哥宾客们享受美食和香槟,并与这对未婚夫妇握手——严格意义上说,这对夫妇尚未结婚。接下来,两人返回各自的住处。格蕾丝待在宫殿里,而雷尼尔回到他的别墅。

第二天早上是婚礼的后半部分。婚礼在摩纳哥的圣尼古拉大教堂举行。这对新人本可以从之前媒体的狂热中得到一些喘息之机,但米高梅的摄像机与灯光都安装在教堂里面,准备好拍摄一场世纪婚礼。就连在婚礼中最亲密的部分,两人也无法摆脱一直注视着他们的眼睛。

这是一场童话般的婚礼。百合花、白丁香和金鱼草等白色花朵如瀑布一般挂在大教堂的篮子里,固定在枝形吊灯上。高高的圣坛被摇曳的蜡烛包围着。观众席上坐着好莱坞的一线大咖们,包括加里·格兰特(Cary Grant)、格洛丽亚·斯旺森(Gloria Swanson)和艾娃·加德纳(Ava Gardner)。所有宾客都已就座,按照摩纳哥传统,是时候让新娘先出场了。

格蕾丝挽住父亲的手臂,缓缓经过英国、法国、意大利和美国的军舰护卫队,进入圣尼古拉大教堂。格蕾丝犹如童话里的公主一样,她缓缓地、优雅地走在蜡烛和鲜花包围的过道上,柔和摇曳的烛光捕捉到了精致婚纱上的复杂花边与珍珠镶嵌的细节。

格蕾丝在圣坛前刚刚就位,喇叭声就响起了,预示雷尼尔王子的出场。雷尼尔穿着他亲自设计的拿破仑·波拿巴元帅式军装。他拾阶而上,走上圣坛,与格蕾丝站在一起。两人短暂对视了一会儿,王子面带微笑,紧张地看向准新娘,而格蕾丝依然外表高冷,双唇紧闭。

摩纳哥主教用法语主持了婚礼弥撒。这对新人重申誓言,交换戒指,然后在圣坛前跪下接受圣餐。这场宗教仪式标志着格蕾丝·凯利之前身份的结束。新人走出大教堂时,全世界都看到了王子与他的新婚妻子——摩纳哥王妃殿下。

婚礼仪式结束了,新人乘坐摩纳哥人民赠送的一辆奶白色和黑色相间的劳斯莱斯敞篷车,驱车游览了蒙特卡洛。之后,他们前往私人婚宴,与600名宾客共进午餐,有汤、烟熏三文鱼、

▼ 订婚戒指可以在她最后一部电影的场景中看到

▲ 圣尼古拉大教堂,这对夫妇在此举行婚礼

鱼子酱、龙虾和沙拉等食物,大家一起喝香槟酒庆祝。

令人难以置信的6层婚礼蛋糕也揭开了它那神秘的面纱。蛋糕是一座原比例缩小版蒙特卡洛王宫,每一层都用奶油裱有摩纳哥不同历史场景的图案,最顶层是用糖做成的天使,分别头戴摩纳哥黄金王冠的复制品。新人用雷尼尔的礼仪剑切开了特制的结婚蛋糕。终于,世界上最令人期待的婚礼结束了,新婚夫妻终于可以放松了。多年以后,雷尼尔亲王回忆称,由于新闻媒体的闯入,婚礼尊严受到了损害:"我们两人都认为,应该逃到山上的一个小教堂去完成婚礼。"

婚礼终于结束了,所有的紧张和焦虑都成了那遥远的噩梦。但摩纳哥王妃格蕾丝殿下面临一项新的挑战——她要赢得摩纳哥人民的支持。

▲ 米高梅拍摄了整场婚礼仪式

> 我嫁给雷尼尔王子时,我嫁给的是一个男人,而不是他的身份。我不加思索就爱上了他。
>
> ——摩纳哥王妃格蕾丝殿下

发型
格蕾丝的金发被精心编织成发髻，罩在头纱下面。著名发型师悉尼·吉拉罗夫（Sydney Guilaroff）为她打理婚礼发型，悉尼·吉拉罗夫是玛丽莲·梦露、伊丽莎白·泰勒、黛比·雷诺兹和艾娃·加德纳等人最偏爱的发型师。

新娘捧花
新娘捧花全部选用新鲜的法国铃兰，用丝带绑在祈祷书上。婚礼结束后，新娘捧花留在了圣坛圣餐台上。伴娘们则统一手持月季花束，两个小花童捧的是白色雏菊。

祈祷书
格蕾丝手里拿着新娘手册——一本天主教祈祷手册，为结婚仪式和婚礼祝福做弥撒。祈祷书用珍珠与花边装饰，圣洁的白色与婚纱相搭。

婚鞋
这双鞋跟高6厘米的婚鞋由纽约设计师大卫·埃文斯（David Evins）设计，装饰风格与祈祷书相似。设计师应格蕾丝的要求，特别在右鞋鞋底上镶嵌了一枚铜币，象征着好运。

头纱
格蕾丝的头饰是朱丽叶帽头纱，上面缀有橙花、珍珠与蕾丝。面纱本身由82米长的薄纱制成，婚礼当日格蕾丝将其披在身后，以确保不会在镜头前挡住她的脸。

婚纱
这款标志性婚纱是米高梅电影公司赠送给格蕾丝的结婚礼物，由海伦·罗斯设计和制作。海伦·罗斯曾为格蕾丝在《天鹅》和《上流社会》中饰演的角色设计过服装。海伦与36名女裁缝在绝对保密的情况下，耗时6星期才成功制作出这件婚纱。

布鲁塞尔蕾丝
合身的外衣紧贴在胸衣下方并支撑裙身。紧身胸衣上覆盖着复古的布鲁塞尔玫瑰蕾丝，细小珍珠作为镶嵌点缀，突出蕾丝的复杂设计，使得整个造型立体生动起来。珍珠纽扣从高领一直垂到腰间，长长的蕾丝袖子在袖口处装饰着珍珠纽扣。

真丝塔夫绸长裙
婚纱用22米长的塔夫绸、91米长的丝绸和274米长的花边裁剪而成，整条长裙与紧身胸衣形成鲜明的对比。衬裙以蓝色缎色小蝴蝶结为特色。

荷兰的贝娅特丽克丝女王 & 克劳斯·冯·阿姆斯伯格

1966年3月10日

根据荷兰人的说法，未来的贝娅特丽克丝女王（Beatrix）不可能选择一位糟糕的丈夫。克劳斯·冯·阿姆斯伯格（Claus von Amsberg）是一名德国人，也是希特勒青年团成员。虽然第二次世界大战给荷兰带来了巨大的创伤，但这并未阻止两人相爱。1966年3月10日，他们在阿姆斯特丹市政厅举行民事婚礼，随后在西教堂举行了宗教仪式。

▲ 查尔斯与戴安娜举行了一场童话般的世纪奢华婚礼,他们在公众面前展露的笑容和幸福之感掩盖了二人内心的紧张和对婚姻未来的担忧

查尔斯王子 & 戴安娜·斯宾塞

1981年7月29日

查尔斯王子与戴安娜·斯宾塞女士的婚礼被誉为现实世界的童话，但幕后情况就不那么如人意了。

作者：梅拉妮·克莱格

1978年11月，英国女王伊丽莎白二世的长子查尔斯王子（Charles）庆祝30岁生日时，人们争相猜测谁会成为他未来的妻子。查尔斯王子被媒体称为"花花公子"，他多年来交往过几任女朋友，其中有几位非常适合成为王妃。不过，据他的亲朋好友以外的人所知，他从未认真考虑过要迎娶其中任何一位。查尔斯王子至少向阿曼达·克纳奇布尔夫人（Amanda Knatchbull）求婚一次，但没有成功。阿曼达·克纳奇布尔夫人是查尔斯曾伯父兼导师蒙巴顿勋爵的孙女。1977年，查尔斯曾与斯宾塞伯爵活泼的长女萨拉·斯宾塞夫人（Sarah Spencer）有过一段短

暂恋情，但当萨拉夫人向媒体谈起他时，这段恋情很快就破裂了。在两人关系破裂前，查尔斯受邀前往斯宾塞家族的乡间别墅阿尔索普。在那里，他遇到了萨拉最小的妹妹戴安娜女士。彼时，她年仅16岁，尚在寄宿学校读书。查尔斯被戴安娜的青春欢乐与高昂情绪所吸引。当晚，查尔斯和戴安娜在阿尔索普举行的舞会上跳完舞后，查尔斯请戴安娜带他去看斯宾塞家族著名的画室，但萨拉夫人却非常不客气地介入了。查尔斯很快就忘了斯宾塞的小女儿，可是戴安娜却被他迷住了。在相当长的一段时间里，她满心满眼里全是查尔斯王子，甚至在卧室墙上贴满了他的照片。

订婚戒指

戴安娜美丽的蓝宝石钻戒让王室惊讶不已。

1981年2月,查尔斯王子向戴安娜·斯宾塞女士求婚时,并未准备戒指,而是邀请她从皇家珠宝商杰拉德(Garrard)的众多珠宝中亲自挑选一枚戒指。其中不同寻常的是,这枚订婚戒指不是为王妃定制的,而是从现货中挑选出来的,这让一些人感到非常惊讶。这枚戒指由18K铂金包裹,14颗单颗钻石围在中心12克拉的锡兰蓝宝石周围,犹如众星拱月,当时价值是2.8万英镑,大致相当于现在的9.8万英镑,但目前估值已经接近30万英镑。戴安娜非常喜爱蓝宝石,显然,她选择这枚戒指是因为宝石够大。她可能还受到了这样一个事实的影响——据称,这款戒指的设计灵感来自于1841年阿尔伯特亲王作为结婚礼物送给维多利亚女王的一枚蓝宝石钻石胸针。戴安娜去世后,哈里王子继承了这枚戒指,但他把戒指交给了哥哥威廉王子。这样,威廉王子在2010年订婚时把戒指送给了凯瑟琳·米德尔顿,这枚戒指可以让母亲见证他们的幸福,同时又可以缅怀母亲。

▲ 戴安娜的订婚戒指是世界上最著名的戒指之一,但它是从珠宝商的目录中挑选出来的,而不是定做的

直到1978年11月,查尔斯王子邀请戴安娜参加他30岁生日的宴会时,两人才再次见面。又过了18个月,他们方开始恋爱。1980年7月,据称是在卡米拉·帕克-鲍尔斯(Camilla Parker-Bowles)的怂恿下,戴安娜受邀参加了佩特沃斯的一个家庭聚会。据传卡米拉是一名已婚女性,查尔斯与她藕断丝连,保持着不正当关系。据戴安娜说,1979年秋天,戴安娜对查尔斯王子说:"在蒙巴顿勋爵的葬礼上,你在走道上经过时看起来很悲伤。这是我见过的最悲惨的事情。我想,这是不对的,你很孤独——应该有人照顾你。"查尔斯王子立马对她的同情做出了回应。不久之后,查尔斯邀请戴安娜一起乘坐皇家游艇"不列颠尼亚号",参加每年8月举行的考斯帆船赛。

此后的事情进展很快。一个月后,戴安娜受邀前往巴尔莫勒尔,这是查尔斯对她非常感兴趣的强烈信号。对大多数的年轻女性而言,与女王和王室其他成员亲密会面绝非易事,尤其是像戴安娜那样容易害羞和尴尬的人。不过,由于斯宾塞家族与王室关系密切,她一直认识王室成员。实际上,戴安娜出生于桑德灵厄姆庄园的公园别墅,在她父亲继承斯宾塞伯爵爵位之前,她家就住在那里,而她令人敬畏的外祖母弗莫伊夫人(Lady Fermoy)是王太后最亲密的朋友之一。

后来,弗莫伊夫人声称自己不赞成这门婚事。但实际上弗莫伊夫人内心是非常赞成的,她积极为戴安娜安排接受邀请,拜访住在巴尔莫勒尔堡的王室成员。这一次,她与王太后一起住在伯克霍尔(伯克霍尔属于王太后的私人庄园)。查尔斯王子与祖母关系非常亲密。他一直都知道祖母盼望他尽快结婚,也希望祖母能对戴安娜感到满意。幸运的是,拜访行程很顺利,戴安娜善良美丽,天真烂漫,神采飞扬,个人魅力征服了所有人。接下来，查尔斯邀请戴安娜陪同参观海格罗夫庄园（Highgrove），这是他刚刚在格洛斯特郡购置的乡间别墅。戴安娜已经习惯了奥尔索普庄园的富丽堂皇，发现海格罗夫庄园有点不起眼。要是戴安娜知道这座庄园吸引查尔斯王子是因为它靠近卡米拉·帕克－鲍尔斯的乡间别墅，她就不会那么兴奋了。

戴安娜后来回忆说，她在订婚前只见过查尔斯13次面。但两人实际见面的次数更多。他们在伦敦见过几次面，还一起去了巴尔莫勒尔堡、海格罗夫庄园和桑德灵厄姆庄园。1980年11月，查尔斯32岁生日时，戴安娜曾受邀参加一个小型王室聚会。大约在那个时候，两人的恋情在媒体上曝光，戴安娜开始被摄影师跟踪，无论她走到哪里，他们都跟着她，报纸上关于两人订婚的猜测铺天盖地。1981年2月3日，查尔斯在温莎城堡向戴安娜求婚。据称，戴安娜当时激动万分，还以为查尔斯是在开玩笑，然后笑着答应了。戴安娜对查尔斯说她爱他，但王子却回答"谁管那爱情是什么呢"，这句话对他们的未来婚姻可不是一个好兆头。订婚让王室众人喜笑颜开，也让他们松了一口气。订婚消息保密了几个星期，而戴安娜在澳大利亚和她母亲独处了一段时间。后来，她懊悔地回忆："这是我最后一次独自行走。"

2月24日，王室正式宣布订婚消息。二人一起接受了一次尴尬的采访。采访中，戴安娜王妃表现得非常迷恋王子，而当两人被问及是否相爱时，王子又一次回答"谁管那爱情是什么呢"，这让整个采访过程变得相当扫兴。当天晚上，戴安娜搬进了王太后在伦敦的住所克拉伦斯王府。很明显，她在切尔西与一群密友合住的公寓已经不再适合她居住了。晚饭后，她走进工作人员的

▼ 婚礼前的几个月里，一直充满紧张和戏剧性气氛。但婚礼结束后，查尔斯和戴安娜在返回白金汉宫的路上看起来非常开心

宿舍，骑着自行车在房间里转来转去，嘴里念叨着"我要嫁给威尔士亲王了"，工作人员们感到非常好笑。两天后，她来到白金汉宫，被安排在了一个狭小而又令人幽闭恐惧的套间里。此前多年来，戴安娜一直与朋友们住在父亲买给她的公寓里，来去自由；现在的居住环境令戴安娜十分沮丧，她很快就开始形单影只，感到寂寞空虚。她大部分时间都是独自一人，查尔斯经常不在家，他的家人也很少注意她。王室以为戴安娜很快就适应了王室生活，而丝毫没有意识到她迫切需要心理指导和支持。

戴安娜极度渴望陪伴，开始和宫殿的工作人员玩在一起，甚至在她20岁生日那天，也就是她结婚前几周，为他们举办了小型派对。戴安娜被隔离在白金汉宫，而外界对她即将到来的婚礼狂热兴奋，纪念品的生意兴隆，全国各地都筹划举办街头派对。当时，有很多人猜测戴安娜王妃的婚纱是由一对年轻的设计师夫妇设计的，即大卫·伊曼纽尔（David Emanuel）和伊丽莎白·伊曼纽尔（Elizabeth Emanuel）。婚礼前的几个月里，戴安娜面临着即将成为王妃的压力，未婚夫又与卡米拉·帕克－鲍尔斯关系亲密，她日益感到不安，体重急剧下降，不得不反复试穿婚纱，几次调整。在婚礼前两天，戴安娜发现查尔斯正计划与帕克－鲍尔斯夫人共进私人告别午餐，这让戴安娜极度崩溃，甚至威胁要取消婚礼。可她姐姐指出太晚了，已经"丢不起人了"。

婚礼庆典在大喜之日的前两天开始，而最后的彩排在圣保罗大教堂举行。圣保罗大教堂的建筑规模宏大，地理位置好，因此被选为婚礼举办场地。随后，英国女王在白金汉宫举办了一场盛大的舞会，戴安娜王妃穿着一袭大胆的粉色紧身礼服出席舞会，这款礼服由伊曼纽尔夫妇设计。婚礼前一晚，戴安娜与姐妹们和伴娘们在克拉伦斯王府共度一夜。戴安娜为她人生中最重要的一天不断地做心理准备，这些姐妹和伴娘设法让她平静下来。彩排时，查尔斯王子从白金汉宫对面走过来，送给她一枚印章戒指，并附上了一张便条，上面写着："我为你感到骄傲。你明天到来时，我将在圣坛前等你。看着所有人的眼睛，折服他们。"第二天早上，全球7.5亿人在电视机前观看婚礼的盛况。戴安娜王妃在父亲斯宾塞伯爵的陪同下，乘坐著名的皇家玻璃马车从克拉伦斯王府出发，前往圣保罗大教堂，沿途挤满了欢呼的人群（大约有65万人）。她从马车里出来时，人群中发出巨大的抽气声——她那象牙色的塔夫绸婚纱第一次亮相。几个月来，人们一直在猜测

◀1981年婚礼结束后,查尔斯与戴安娜的阳台热吻是最令人难以忘怀的画面之一

▲ 大多数官方婚纱照都非常正式、传统,但这对夫妇与摄影师利奇菲尔德勋爵(Lord Lichfield)配合得相当愉快

她的婚纱。这条婚纱经过长途跋涉,挤进车厢后不幸弄皱了,但仍然相当漂亮,完全适合这场被公众誉为现实中的童话婚礼。

斯宾塞家族王冠是戴安娜为婚礼借来的传家宝。王冠在教堂的灯光下熠熠生辉,美不胜收。她缓缓经过3500名受邀宾客,身后拖着25英尺长的婚纱拖尾,两位最小的伴娘将其提起。后来戴安娜回忆说,她觉得自己是"世界上最幸运的女孩",嫁给了她深爱的男人。当戴安娜走上圣坛,来到查尔斯身边,查尔斯低声说:"你看起来真美。"她回答说:"为你而美。"坎特伯雷大主教主持婚礼。戴安娜看上去泰然自若,但在婚礼宣誓时她把查尔斯的名字念错了,暴露出

戴安娜威胁要取消婚礼。但姐姐指出太晚了,已经"丢不起人了"。

童话般的婚纱

戴安娜婚纱的秘密。

秘密设计
戴安娜选择大卫和伊丽莎白·伊曼纽尔来设计婚纱。她的婚纱是在极度保密的情况下制作而成的。伊曼纽尔夫妇甚至还把窗户遮住,防止任何人瞥见室内的情况。由于戴安娜在婚礼前腰围缩了 5 英寸,婚纱配件变得复杂起来,几经修改。

捧花
传统的新娘捧花与婚纱相比会相形见绌。相反,花商朗曼斯(Longmans)制作了 3 种完全相同的花束,融合全国各地的鲜花,包括"蒙巴顿黄玫瑰"(应查尔斯王子要求)和传统的桃金娘枝。

借来的物件
戴安娜的古董蕾丝是"旧物件",来自她丈夫的曾祖母玛丽女王所处的时代;结婚礼服是"新物件";斯宾塞家族王冠是"借来的物件";最重要的"蓝色物件"是缝在腰带上的小蝴蝶结,和一件黄金镶嵌 18 克拉钻石的马蹄形饰物。

头纱
戴安娜的婚纱拖尾超长,头纱就需要更长。头纱由美丽的斯宾塞家族王冠固定,用了约 140 米长的薄纱。事实证明,戴安娜的头纱太长了,和拖尾一样难以控制,需要折叠多次才能成功坐进马车。头纱用 1 万颗亮片点缀,闪闪发光,所有亮片都是由一位女士在起居室里秘密缝制的。

裁缝师
戴安娜王妃的塔夫绸婚纱几乎是纯手工制作。婚纱精心搭配着玛丽女王时代的古代蕾丝花边以及 1 万颗水晶亮片和珍珠。为了防止这件婚纱的设计被泄露给媒体,裁缝师们还制作了第二件婚纱,但更为素雅。整件婚纱价值 9000 英镑(相当于 2018 年的 3 万英镑)。

传家宝
戴安娜的婚纱梦幻奢华,所以她决定不戴项链子。她当时也没有多少珠宝,向母亲借了一对钻石耳环。

拖尾
戴安娜发现有史以来最长的王室婚纱拖尾长 23 英尺(7.01 米)时,要求自己的拖尾应该达到 25 英尺(7.62 米)。这给设计师带来了难题,他们的工作室不够大,容纳不了这么长的拖尾。最后,设计师们只好在白金汉宫的一个画廊里制作超长拖尾。

婚鞋
许多人在婚礼当日看不到婚鞋,但为了确保戴安娜王妃的婚鞋完美无缺,设计师们还是花了很多心思。婚鞋由克莱夫·希尔顿(Clive Shilton)纯手工制作。她用染色的公爵夫人丝缎来搭配婚纱,然后用 542 颗珍珠贝母亮片、小珍珠、蕾丝和心形点缀物来装饰。婚鞋底部手工绘制了字母"C"(查尔斯)和"D"(戴安娜)。

她内心非常紧张。仪式结束了，新婚夫妇乘坐马车返回白金汉宫，摆好姿势，让女王的堂弟利奇菲尔德勋爵拍摄官方结婚照。两人的婚宴十分丰盛，包括抹着龙虾酱的布里尔面包、塞满羊肉慕斯馅料的鸡肉，还有草莓和奶油布丁。婚礼蛋糕至少有27个。新人在婚礼后共同切下一个5英尺高的官方蛋糕。

没过多久，查尔斯和戴安娜依照传统在白金汉宫的阳台上露面，家人与宾客站在新人两侧，外面的人们再次见到了这对新婚王室夫妇。查尔斯在交换誓言时没有亲吻新娘，此时亲吻戴安娜弥补疏忽。第二天，这张标志性的亲吻照片出现在全球几十家报纸上。这对夫妇没有按照王室传统留下来参加克拉里奇的晚会，而是换上了外出的服装。戴安娜换上一件漂亮的桃色贝尔维尔·萨逊（Bellville Sassoon）高级定制套装，戴着配套帽子，和客人们道别，然后登上敞篷朗道马车，前往滑铁卢车站。新婚夫妇将在蒙巴顿勋爵的故居布罗德兰群岛住上几日，之后登上皇家游艇"不列颠尼亚号"在地中海度蜜月，然后在苏格兰巴尔莫勒尔庄园独处数周。新郎顽皮的弟弟安德鲁和爱德华偷偷地把气球、锡罐和"新婚"的标志贴在马车后面，这让聚集观看的人们非常兴奋。两人度完蜜月回来时，戴安娜已经成为非常有影响力的国际名人，其影响力与日俱增，部分原因在于她在婚礼当日表现出浪漫奢华的气派。新婚的威尔士亲王和王妃用微笑与幸福掩盖了亲王的不安和王妃内心深处的绝望。查尔斯越来越感到不安，他觉得自己犯下一个可怕的错误，娶了一位他无法真心爱上的女人。但他至少在相当长一段时间内，不会在公众面前表现出来。

戴安娜过于紧张，以致在婚礼上把查尔斯的名字念错了。

◀ 宾客们纷纷前往克拉里奇参加派对，而新婚夫妇乘坐马车去度蜜月，马车后面被查尔斯的弟弟们绑上了气球

希腊王储帕夫洛斯 & 玛丽－尚塔尔·米勒

1995年7月1日

太阳下山之际,希腊王储帕夫洛斯(Pavlos)与玛丽－尚塔尔·米勒(Marie-Chantal Miller)在伦敦的希腊东正教圣索菲亚大教堂结婚。尽管希腊的君主制已被废除,但这仍是一场王室婚礼。玛丽－尚塔尔身穿一袭镶有珍珠的象牙色华伦天奴婚纱,25名女裁缝耗时4个月才缝制完成。婚纱搭配一条4米长的尚蒂伊(Chantilly)蕾丝拖尾。婚宴在赫赫有名的汉普顿宫举行。

威廉王子 & 凯瑟琳·米德尔顿

2011年4月29日

这是全世界期待已久的一场王室婚礼，王位第二顺位继承人威廉王子与他毕生挚爱喜结连理——世人对此喜闻乐见。

作者：凯瑟琳·马什（Katharine Marsh）

这是一场21世纪的王室婚礼，一切都始于大学。2001年，威廉王子入读圣安德鲁斯大学，住在圣萨尔托尔宿舍。就在几间宿舍之外，有一位女性——凯瑟琳，塑造了他的余生。他们是同伴亦是室友，相识第一年，两人便因爱好相同发展成朋友，凯瑟琳能给他内心带来平静。威廉王子第一年曾考虑放弃学业，后在凯瑟琳的劝说下继续学习。

威廉对她越来越感兴趣。凯瑟琳谈恋爱了，但是并不上心。2003年，凯瑟琳与男友分手，这对威廉来说真是个好消息。2004年，威廉王子和凯瑟琳被拍到在瑞士滑雪胜地克洛斯特斯度假，这张照片证实了威廉与凯瑟琳的恋情。但大家都不知道的是，他们自圣诞节以来就一直在约会。

毕业后，现实世界正等着他们。当威廉王子在桑赫斯特皇家军事学院接受第一轮军事训练时，凯瑟琳开始在她父母迈克尔和卡萝尔·米德尔顿开设的派对用品公司"Party Pieces"担任派对策划。威廉在军训期间无法离开桑赫斯特，而凯瑟琳又在伦敦忙于工作，两人发展成异地恋关系，但好在结局颇为圆满。

2006年，两人首次一起亮相，携手参加一场婚礼。凯瑟琳没有和威廉一起去参加查尔斯王

▲ 威廉与凯瑟琳在婚礼仪式后走出威斯敏斯特大教堂

子与卡米拉·帕克－鲍尔斯的婚礼，但共同出席了卡米拉女儿的婚礼。热心的王室观察人士认为，凯瑟琳的公开亮相表明，她正准备成为威廉王子生活中的另一半；当年7月，凯瑟琳在马球比赛上为威廉王子和他的弟弟哈里王子加油，更是说明了这一点。凯瑟琳与威廉在公共场合遵循王室礼节，很少表露感情，但私下里，她是他的宝贝（Babykins），而他是她的"大威利"（Big Willie）。

2006年12月，威廉从桑赫斯特学院毕业，凯瑟琳受邀和他家人一起观看毕业典礼，并向他表示祝贺。凯瑟琳并未与王室成员一起出席典礼。不过，她是在威尔士亲王办公室主任、威廉王子的私人秘书和记事秘书的陪同下出席的，二人订婚的传言因此愈演愈烈。

> 随着时间的推移，凯瑟琳被英国媒体戏称为"等待的凯瑟琳"。

2007年，希望破灭了。4月，有消息称威廉王子和凯瑟琳已经友好分手，而媒体过度关注是主要因素——凯瑟琳当然不喜欢被狗仔队追逐，但这种情况也只会愈演愈烈。但两人同年6月又重归于好。

2008年6月，凯瑟琳似乎更能融入英国王室了。她独自参加了威廉的表哥彼得·菲利普斯（Peter Phillips）的婚礼，因为威廉因一场活动而无法出席，她替她的男友履行王室职责。月末，

▲ 这对王室夫妇在大学期间拍摄的照片

▲ 2010年10月,威廉与凯瑟琳被拍到一起参加朋友婚礼,所有人都能注意到两人是多么相爱,但人们不知道威廉王子已经向凯瑟琳求过婚了

王室传统

有些婚礼结束后,新娘会向后抛手捧花,但英国王室的习俗不同。

英国王太后伊丽莎白当年举行婚礼时,在走进威斯敏斯特大教堂前,将新娘手捧花放在无名烈士墓冢上,她开启了这一传统。无名烈士墓冢是为了纪念在"一战"中阵亡的无名士兵而修建的。1923年4月26日,婚礼结束后,伊丽莎白与她未来的丈夫乔治六世前往威斯敏斯特大教堂的西侧,把手捧花放在墓冢上,以此缅怀她在1915年路斯战役中阵亡的哥哥费格斯(Fergus)。自那以后,许多英国王室新娘也将手捧花放在无名烈士墓冢上,比如嫁给女王小儿子安德鲁王子的萨拉·弗格森(Sarah Ferguson),凯瑟琳也不例外。

在白金汉宫举行的婚礼仪式结束后拍摄的官方照片中,王妃拿着婚礼捧花摆造型,随后,捧花被带回威斯敏斯特大教堂,放在墓冢上,以缅怀无名烈士。2018年5月,梅根·马克尔也将捧花放在了墓碑上。虽然梅根与哈里王子是在温莎城堡圣乔治礼拜堂举行的婚礼,但她的手捧花依然按照传统,放在了无名烈士的安息之所。

▲ 凯瑟琳的鲜花被放在无名烈士墓冢上

她参加了威廉王子受封为第1000位嘉德皇家骑士的仪式。

随着时间的推移,凯瑟琳被英国媒体戏称为"等待的凯瑟琳"(Waity Katie),他们特别好奇威廉为何迟迟不求婚。2003年年底两人就被媒体曝光了恋情,等待时间越长,媒体就越兴奋。

2009年,英国女王邀请凯瑟琳在8月法定假日期间前往巴尔莫勒尔城堡。一位王室消息人士称,伊丽莎白女王正计划与凯瑟琳讨论,若威廉向她求婚,她会面临哪些问题——这是凯瑟琳准备进入王室、成为未来王后的最明确信号。

来自外界的压力越来越大,但这对恋人继续履行各自职责,过着自己的生活,无视媒体。不过,媒体仍然紧追不放。2010年10月,威廉与凯瑟琳被拍到一起参加朋友婚礼,所有人都能注意到两人是多么相爱。

威廉王子即将参军,他决定带凯瑟琳去肯尼亚旅行。启程前,他把母亲生前的订婚戒指放在自己的帆布包里,随身携带了3个星期。一天夜里,威廉在星光下单膝下跪,向毕生挚爱之人求婚,凯瑟琳答应了。威廉王子并不是打破传统的人,他在向凯瑟琳求婚前就已经征得了她的同意。

2010年11月16日,英国王室正式宣布威廉与凯瑟琳的订婚消息。显然,女王在几个小时前才听说这件事。凯瑟琳身穿一条蓝色连衣裙(这条连衣裙的同款在24小时内就售罄),佩戴蓝宝石订婚戒指,站在未婚夫身旁,笑容满面。他们是天生的一对。

婚礼前一周,威廉携凯瑟琳前往奥尔索普庄园,拜谒戴安娜的墓地,缅怀亡母。他们乘船去奥瓦尔岛(Oval),给戴安娜献上鲜花,还穿过了威廉和哈里幼时种植过树木的植物园。

2011年4月29日,数百万人观看了威廉和凯瑟琳的婚礼。各界宾客前往威斯敏斯特大教堂参加婚礼。威廉最初起草宾客名单时,告诉祖母,有600多名宾客是自己不认识的"陌生人"。据报道,英国女王伊丽莎白二世撕掉了名单,告诉孙子要搞清楚他和凯瑟琳想邀请哪些人,以后自己要操心贵宾名单与礼节。

▲ 在2007年戴安娜王妃纪念音乐会上,凯瑟琳出现在前排第三排的王室包厢里,这表明她与威廉王子的关系没有结束

▲ 哈里王子称凯瑟琳是他的大姐姐。他一直是哥哥和嫂子的坚定支持者

在婚礼前一晚,有传言说威廉王子当时住在克拉伦斯王府,由于过度紧张,人们太过嘈杂,他只睡了大约半个小时。但当他抵达威斯敏斯特大教堂时,他精神饱满,面带微笑,身穿爱尔兰卫士名誉上校红色制服。威廉在伴郎哈里王子的陪同下潇洒出场,紧随其后,米德尔顿家族和王室成员陆续出场,女王与菲利普亲王最后到达婚礼现场。

凯瑟琳的婚纱保密工作十分严格。大婚前夕,米德尔顿一家下榻戈林酒店,酒店门口盖着大帐篷,方便未来的公爵夫人在当天上午10点51分偷偷钻进劳斯莱斯车里。凯瑟琳在大教堂台阶处下车,她身穿缎面蕾丝A字型婚纱,上身贴花,绣有三叶草、玫瑰和百合,惊艳了全场。这款婚纱出自亚历山大·麦昆(Alexander McQueen)品牌的创意总监莎拉·伯顿(Sarah Burton)之手,据传价值25万英镑。婚纱上缝

▲ 新人在威斯敏斯特大教堂完成宣誓后,返回白金汉宫,与亲朋好友一起参加庆祝会

有一个蓝色小蝴蝶结，以求好运，就像她已故婆婆戴安娜在1981年嫁给查尔斯时一样。固定头纱的王冠是1936年卡地亚"Scroll"王冠（几乎是最后一枚王室认可的印章），是女王借给她的；耳环由凯瑟琳的父母委托伦敦珠宝商制作，耳环上有米德尔顿家族的盾形纹章。新娘在父亲以及伴娘菲利帕妹妹的陪伴下，沿着长长的过道，在天使唱诗班的歌声中缓步慢行，用时3分半走完红地毯。威廉王子注视新娘走完全程。哈里俯身对威廉小声说："她看上去美极了。"

凯瑟琳的婚礼捧花由设计师肖恩·康诺利（Shane Connolly）设计。它融合了米德尔顿家族和王室的最爱，及各种象征意义。手捧花以铃兰为底——夏季婚礼的最爱，象征回归幸福，还搭配了象征英勇的美洲石竹。当然，手捧花还插有传统的桃金娘，是从维多利亚女王在怀特岛奥斯本宫种下的一棵桃金娘树上摘下来的。手捧花中的常春藤和风信子都代表爱情。

婚礼仪式本身就是一件大事。有3位神职人员为威廉王子主持婚礼。主婚人是威斯敏斯特大教堂的教长约翰·霍尔（John Hall），证婚人是坎特伯雷教堂大主教罗文·威廉姆斯（Rowan Williams），伦敦大主教理查德·查特斯（Richard Chartres）则在婚礼上发表致辞。凯瑟琳的家人也在婚礼仪式上扮演各自的角色。凯瑟琳的妹妹菲利帕担任伴娘，弟弟詹姆斯诵读经文。婚礼仪式持续一个多小时，这对夫妇的身份都转变为"殿下"，威廉王子获封剑桥公爵，凯瑟琳获封剑桥公爵夫人。更重要的是，两人正式结为夫妻。

两人离开大教堂，途中停下来向女王鞠躬，然后前往白金汉宫参加婚宴。新婚夫妇乘坐1902年朗道马车（原本为爱德华七世加冕而设计）巡游伦敦，途经白厅，白厅仪仗队由皇家空军、掷弹兵卫队、苏格兰卫队和其他团组成。他们在皇家卫队的护送下抵达白金汉宫。

> **新婚夫妇进入白金汉宫，走上阳台，在无数民众的注视下，献出了"世纪之吻"。**

威廉与凯瑟琳进入白金汉宫，走上阳台，在无数民众的注视下，献出了"世纪之吻"。下午3点30分，这对夫妇驾驶一辆蓝色的阿斯顿·马丁DB6型沃兰特车（查尔斯亲王的21岁生日礼物），直奔克拉伦斯王府。哈里王子将这辆车的车牌号稍作修改，改成了"JU5T WED"（意为"新婚"）。

那天晚上，他们回到白金汉宫，参加由查尔斯亲王举办的私人晚宴。宴会结束后，两人与亲朋好友共舞。埃利·古尔丁（Ellie Goulding）献唱《你的歌》（Your Song），这首歌被选为第一支舞的音乐。凌晨3点，全部婚礼活动在王宫广场上以一场小型烟火表演结束。

威廉王子注视新娘走完全程。哈里俯身对威廉小声说："她看上去美极了。"

◀ 无论多少风风雨雨，凯瑟琳与威廉还是于2011年4月29日在威斯敏斯特大教堂举行了婚礼，结为夫妻。为了庆祝，英国宣布这天为法定假日，英国各地也纷纷举行庆祝活动和街头派对

图片所有

10©Getty, Thinkstock; Illustration by Kym Winters

16,17©Getty,Alamy; WIKI

18©Alamy

26©Alamy

32,33©WIKI; Getty; Thinkstock

34©Alamy

44,45,46©Alamy, Getty Images, TopFoto

48©Getty

56©WIKI

64,65,66,67©Getty Images

68©Getty

75,76,77©Alamy, Corbis, Getty Images, Mary Evans, The Art Agency

78©Getty

88©Getty

96,97©Getty Images; Illustration by Julia Lillo; WIKI

98©Getty

103,106,107©Getty Images; Alamy; WIKI

115,116,117©Alamy, Getty Images

118©Alamy

126,127©Alamy, Getty, Thinkstock

128©Getty

138,139,140,141©Getty; Thinkstock

142©Alamy

150,151©Alamy, FreePik, Getty, TopFoto

152©Getty

160,161©Getty Images; Illustration by Julia Lillo

162©Getty

172©Getty Images